Guía del Participante

EL CURSO DE LA GRACIA

UNA GUÍA DE **8 SESIONES** PARA SER LIBRE
Y FRUCTÍFERO EN CRISTO

STEVE GOSS

y Libertad en Cristo

EL CURSO DE LA GRACIA – Guía del participante

Publicado por Libertad en Cristo Internacional
4 Beacontree Plaza, Gillette Way, Reading RG2 0BS, Reino Unido.
www.libertadencristo.org / www.freedominchrist.org

Traducción: Nancy Maldonado Araque
Edición: Ana María Rueda Bilbao
Revisión: Roberto Reed
Maquetación: Jemima Taltavull

ISBN: 978-1-913082-97-0

AGRADECIMIENTO

Estamos muy agradecidos a nuestros amigos de Latinoamérica y Latinos USA que con sus ofrendas cubrieron los gastos de viaje de nuestros presentadores.

Agradecemos de forma especial a Casa Sobre la Roca y en particular al Pastor Franklin y a su equipo por realizar de forma gratuita la producción de los videos en español y hacerlo con tanta excelencia y gracia.

¡Muchas gracias Franklin Peña Gutiérrez, Camila Chaparro, Mónica Peña, Lianna Chaves, Julieth Vázquez, Luz Marina Raigoso, Felipe Chaparro, Julián Varela y Adán Velasquez! ¡Gracias también a la familia Cormane que abrió su hermosa casa para la grabación!

COMENTARIOS DE ALGUNOS PARTICIPANTES

«La grandeza de Dios fluye a través de este curso —todos podemos llegar al conocimiento de que la gracia nos hace libres».

«Por primera vez, y llevo décadas como cristiano, lo estoy entendiendo: la gracia es así y es maravillosa».

«El Curso de la Gracia me ha presentado nuevamente a Cristo, ahora sé que lo amo y que él me ama».

«Quedé boquiabierta al entender que no se trata de mi desempeño, él tan solo quiere mi corazón. ¡Es genial!»

«Con el Curso de la Gracia me di cuenta de que no puedo hacer nada para que Dios me ame más o me ame menos, y puedo servirle simplemente por amor».

«El curso saca a la luz verdades que han estado ocultas a gran parte de la Iglesia durante mucho tiempo».

«Durante el curso sentí un alivio progresivo. Mi carga empezó a desvanecer y ahora me siento ligera».

«Los presentadores compartieron su experiencia y esa honestidad transmite mucho».

«Fue muy refrescante disfrutar, empaparme de la verdad de las Escrituras y recibirla en mi corazón».

Contenido

INTRODUCCIÓN

¿QUÉ OFRECE ESTE CURSO?

¿Quieres avanzar como cristiano y dar cada vez más fruto que durará para siempre? Por la gracia de Dios —y solo por su gracia— ¡tú puedes! El objetivo del *Curso de la Gracia* es ayudarte a experimentar la gracia de Dios de manera tan profunda (tanto en tu corazón como en tu cabeza) que el amor por él se convierta en la motivación principal de tu vida. Esta es una muestra de lo que aprenderás:

- Cómo lidiar con las motivaciones falsas: la culpa, la vergüenza, el temor, la ansiedad y el orgullo.
- Por qué servir a Dios sintiéndote obligado, no vale para nada.
- Cómo deshacerte de esa persistente nube de culpa que te persigue.
- A mantener la cabeza en alto independientemente de lo que haya en tu pasado.
- Que no hace falta temer a nada ni a nadie más que a Dios.
- Cómo lidiar con el pecado que te tiene atrapado.
- Cómo operar en la autoridad de Jesús para discipular a las naciones.
- El verdadero significado de la unidad y por qué es tan importante.
- Que para dar mucho fruto, se empieza por el descanso y el quebranto.
- Una manera práctica de renovar tu mente para ser transformado.

Al experimentar su gracia como nunca antes, esperamos que des más fruto del que pensaste que fuera posible.

¿CÓMO PUEDO SACARLE EL MÁXIMO PARTIDO?

Haz todo lo posible por asistir a cada sesión y ponerte al día con aquellas que faltas (pídele al líder de grupo el acceso al vídeo, si está disponible).

Utiliza el devocional de YouVersion en la app de la Biblia, que te acompañará a lo largo de este curso (consulta la página 8).

Aprovecha la oportunidad de pasar por *Los Pasos para experimentar la gracia de Dios*, un proceso tranquilo y respetuoso en el cual le pides al Espíritu Santo que te muestre aquellas áreas donde necesitas arrepentirte.

El curso incluye estrategias para mantenerte firme en la libertad obtenida y renovar tu mente de forma continua, para que lleguen a formar parte de tu vida diaria

Cuando identifiques ciertas áreas en las que tu pensar no coincide con la verdad bíblica, apúntalas en la Lista de mentiras al final del libro y averigua lo que es verdad en la Biblia.

Te enseñaremos el *Demoledor de bastiones*, una estrategia sencilla y muy efectiva para renovar tu mente (ver Romanos 12:2). Ésta te ayudará a lidiar con las mentiras que descubras y a mantenerte firme en tu libertad. Incorpóralo en tu diario vivir.

¡MEJORA TU EXPERIENCIA EN EL CURSO DE LA GRACIA!

El Curso de la Gracia está en el centro del Proyecto gracia y libertad, una colaboración entre varios productores importantes de recursos devocionales y de discipulado.

Eso significa que hay algunos recursos adicionales maravillosos que puedes aprovechar a medida que avanzas en el *Curso de la Gracia*. Lee sobre ellos a continuación. Para más información puedes ir a:

www.libertadencristo.org

SERIE EN VIDEO LA MARAVILLA DE LA GRACIA

Una serie de 8 sesiones de videos cortos y contundentes presentados por Sidhara Udalagama que cubren temas clave del *Curso de la Gracia*. Los temas de las sesiones corresponden a las sesiones del *Curso de la Gracia*. Te recomendamos que los veas en los días previos a cada sesión, ya que tratarán el tema que veremos y te harán pensar.

Disponible en STREAMLIBERTAD en www.libertadencristo.org y desde RightNow Media Español.

DEVOCIONAL PERLAS DIARIAS DE LA GRACIA DE YOUVERSION

Un devocional diario de 56 días (8 semanas) diseñado para acompañarte en tu viaje a lo largo del *Curso de la Gracia*. Comienza el día que asistes a la primera sesión del *Curso de la Gracia* y recibirás mensajes concisos, relevantes y que invitan a la reflexión cada día durante ocho semanas.

Disponible en la app de la Biblia de YouVersion: busca «Perlas Diarias de Gracia». Actualmente no tiene costo.

CONÉCTATE CON LA GRACIA DE STEVE GOSS

Steve Goss, autor del *Curso de la Gracia*, ha escrito este libro específicamente para los participantes del curso. Desarrolla los principios que se enseñan en el curso para ayudarte a conectar con la gracia a un nivel más profundo.

Publicado por Libertad en Cristo Internacional.

LA MARAVILLA DE LA GRACIA: UN VIAJE DEVOCIONAL DE 40 DÍAS DE RICH MILLER

Una versión revisada y actualizada de este libro devocional de 40 días de Rich Miller, muy popular entre los participantes del *Curso de la Gracia* original. Está diseñado para leerlo inmediatamente después del *Curso de la Gracia* durante seis semanas. Los participantes pueden procesar los principios que aprendieron y ponerlos en práctica.

Publicado por Libertad en Cristo Internacional.

CONOCE A LOS PRESENTADORES

Adrián Arreaza, el representante de *Libertad en Cristo* para Venezuela, es un apasionado por la educación como medio para la transformación personal y social. Brinda apoyo y capacitación a pastores e iglesias que desean cumplir su propósito divino y experimentar plenitud y libertad en Cristo. Tras años bajo circunstancias extremas, Adrián anhela que Cristo sea evidente en su quebranto. Asombrosamente, es capaz de disfrutar de la vida con su familia en Venezuela y de reírse de sí mismo y sus carencias momentáneas. Su mayor deseo es que su esposa le deje tener un cachorrito.

Nancy Maldonado, lleva 15 años con *Libertad en Cristo* como traductora, entrenadora y facilitadora de *los Pasos.* Vive y trabaja en España desde hace más de 20 años. Como misionera vivió muchas aventuras, pero la mayor fue criar a dos hijos en una sociedad secular posmoderna. Le apasiona crear comunidad, mantenerse disponible y auténtica y ofrecer un lugar seguro a quienes Dios trae a su vida. Le gustan los colores alegres, los sabores exóticos, los gatos y el té inglés con leche. Viaja por Latinoamérica con su esposo Roberto, el Director de América Latina para *Libertad en Cristo.*

Lirio Martínez, es la líder nacional de *Libertad en Cristo* para el Ecuador. Lleva muchos años compartiendo el mensaje de libertad en su iglesia local y viendo mucho fruto. Ahora tiene el privilegio de hacer lo mismo a nivel nacional. Le entusiasma motivar a otros a asimilar la verdad para experimentar la libertad y la gracia de Dios y empoderar a nuevos líderes para que desarrollen su potencial divino. Disfruta de la naturaleza, de sus nietos y de meditar en el silencio.

David Pérez, es el líder de *Libertad en Cristo* para España. Junto a su esposa Adelaida llevan más de 30 años sirviendo al Señor como evangelistas, misioneros y pastores. Más recientemente se dedican a la plantación de iglesias y a ministrar a pastores cansados o quemados para restaurar a sus familias y para que puedan retomar el ministerio que les fue encomendado. David se relaja viendo cómo juegan su perro y su gato y recarga sus baterías, conversando con amigos, acompañado de una buena taza de café.

Pamela Porras, es una joven perdidamente enamorada de Jesús. Desde hace dos años es la *Community Manager* para *Libertad en Cristo* México. Le apasiona compartir la verdad sobre nuestra identidad como hijos de Dios, ya sea discipulando a chicas adolescentes, como liderando a los jóvenes en su iglesia local junto con su prometido. Su anhelo después de casarse es servir al Señor a tiempo completo. Le encantan los niños pequeños y es una entusiasta del método Montessori.

Ana María Roa forma parte del equipo de *Libertad en Cristo* Latinoamérica. Junto con su esposo Leonardo, coordinan y desarrollan *La Transformación en el Viñedo* para el mundo hispanohablante —un programa de revitalización espiritual para pastores y líderes. Su pasión es acompañar a otros a obtener la libertad en Cristo que ella experimentó. Ana María tiene una sensibilidad especial para trabajar con los niños mediante el arte terapia. Le encanta ser mamá, el café, la playa y el mar.

Roberto Reed es el Director de Libertad en Cristo Latinoamérica. Nació en el Ecuador, se crio en México, de abuelo holandés, padres norteamericanos y nacionalizado español. Le encanta la música y disfrutar de un buen café con amigos en una terraza. Toca el piano y guitarra como hobby. Está casado con Nancy Maldonado Araque.

Sidhara Udalagama —presentadora de *La Maravilla de la Gracia*— se crio en Sri Lanka y ha pasado su vida adulta en Inglaterra, trabajando en el ministerio. Obtuvo una maestría en psicología organizacional y actualmente trabaja en una ONG como oradora y especialista en comunicaciones. Sidhara también trabaja como coach con corporaciones y ONG, involucrada en la capacitación de personal y en desarrollar contenido que promueve la salud organizacional. Es una prolífica comunicadora de la Biblia con una pasión por ver que las personas alcancen su potencial en este mundo según el diseño de Dios. Sidhara está casada con Dev y le gusta comer, viajar por el mundo y preferiblemente juntos.

SESIÓN 01

LIBRE

Entender que lo que realmente le importa a Dios no es lo que hacemos, sino por qué lo hacemos.

VERSÍCULO CLAVE

«... amamos porque él nos amó primero»

1 Juan 4:19

VERDAD CLAVE

En Cristo somos completamente amados y aceptados por quienes somos, no por lo que hacemos. Desde esa posición de seguridad, podemos tomar la libre decisión de servir a Dios porque lo amamos y deshacernos de toda motivación falsa.

CONECTA

Una definición de gracia es «obtener el bien que no mereces» Comparte con el grupo una ocasión en la que obtuviste algo bueno que no merecías. ¿Qué te merecías? ¿Qué obtuviste?

Si observaste el vídeo introductorio de *La Maravilla de la Gracia* para esta sesión, ¿qué fue lo que más te llamó la atención?

ORACIÓN Y DECLARACIÓN

Querido Dios Padre, gracias por adoptarnos como tus hijos e hijas a través de Jesucristo, y por darnos el privilegio de llamarte «Abba, Padre»! Al iniciar este viaje para conocerte más y comprender tu gracia maravillosa, me someto a ti para que tu verdad se haga realidad no solo en mi mente, sino en mi corazón. Amén.

SOY LIBRE POR LA SANGRE DE JESÚS. ELIJO SOMETERME A DIOS, Y RECHAZO TODO LO QUE INTENTE OBSTACULIZAR MI LIBERTAD EN ÉL.

> **LA HISTORIA DE LOS DOS HERMANOS: LUCAS 15:11-32**
>
> Jesús dijo que vino a darnos vida en abundancia. Y lo decía en serio. Él quiere hacer cosas magníficas en ti y a través de ti.

El Curso de la Gracia está diseñado para ayudarte a experimentar la asombrosa gracia de Dios como nunca antes. Para que des más fruto en el Reino de Dios de lo que jamás imaginaste.

Vamos a explorar las barreras para experimentar la gracia en nuestra vida y cómo eliminarlas.

> EL HERMANO MENOR

A propósito, Jesús pinta un cuadro del comportamiento más ofensivo en la cultura de la época. El hermano menor no mostró respeto alguno por su padre. Se fue y anduvo con gente de mala vida. Trabajó cuidando cerdos.

Desesperado, regresa a casa consciente de que no lo recibirán como hijo, pero con la esperanza de que lo contraten como asalariado.

Espera y merece ser repudiado o en el mejor de los casos, un castigo severo.

Pero, contrario a toda expectativa, su padre organiza un magnífico banquete y le regala tres cosas muy significativas:

La túnica. Seguramente la más elegante de la casa, tal vez la del padre. Comunica claramente que al hijo se le ha dado nuevamente el derecho de disfrutar de su posición junto al padre.

El anillo. Permitía que el hijo pusiese la marca oficial del padre en los documentos para autorizar todo tipo de gastos. Después de despilfarrar su riqueza, el padre le da libre acceso a la cuenta bancaria.

Las sandalias. Solo al padre y a sus hijos se les permitía llevar calzado en el hogar. El padre declara que este muchacho sigue siendo su hijo y que ha sido completamente restaurado a la familia.

> DOS ESCENAS DE LA HISTORIA

Escena 1. El hijo menor en el momento en que se desploma en los brazos de su padre y se rinde. Allí está — sucio, maloliente, quebrantado. Es muy consciente de su fracaso. Está profundamente avergonzado de lo bajo que ha caído. Apenas puede creerlo: su padre todavía lo ama, es más, le perdona y no lo va a castigar.

Casi todos nos quedamos atrapados en esta primera escena. Sabemos que Dios nos ama y nos perdona. Pero aún sentimos que somos básicamente la misma persona inútil y fracasada de siempre.

Es como si nuestra comprensión del Evangelio hubiera llegado hasta el Viernes Santo: Jesús murió para perdonar mis pecados e iré al cielo cuando muera. ¿Pero ahora mismo? Bueno, ... He recibido perdón, ... Pero sigo siendo una decepción para Dios.

Escena 2. Pocos minutos después, vemos al hijo con la mejor túnica, con el anillo del padre en el dedo y sandalias en los pies, festejando con la mejor comida. Es muy consciente de su fracaso y sabe que no se merece nada de esto. Pero va comprendiendo que no solo ha sido perdonado. También ha sido restaurado por completo a su posición anterior, con libre acceso a todo lo que posee su padre.

¿Cuál de estas dos escenas representa más fielmente cómo te ves a ti mismo ante Dios actualmente?

Avanzamos a la segunda escena cuando entendemos que el Domingo de Pascua no solo celebramos el hecho de que Jesús resucitó de entre los muertos. También celebramos el hecho de que nosotros resucitamos de entre los muertos con él y nos convertimos en personas completamente nuevas en lo más profundo de nuestro ser.

Si conoces a Jesús, has sido completamente restaurado. En el núcleo de tu ser eres una persona totalmente nueva. Y Dios no solo te ama. Él se deleita en ti.

○ EL PADRE TE ESTÁ ESPERANDO

Si nunca has respondido al llamado de Jesús y aún no lo conoces, Dios Padre te está esperando. Independientemente de lo que hayas hecho o de lo que te hayan hecho, puedes recibirlo en tu corazón y aceptar su regalo de salvación.

PAUSA PARA LA REFLEXIÓN 1 🕐

1. ¿Qué significa la gracia para ti?

2. El padre le da al hijo menor tres regalos simbólicos que Dios te ha dado a ti. ¿Qué regalo tiene mayor significado para ti? ¿Por qué?

> EL HERMANO MAYOR

Jesús parecía un maestro religioso, pero no se comportaba como la gente religiosa esperaba que lo hiciera. En particular, se mezclaba con la «gentuza». Decían: «... "Este hombre recibe a los pecadores y come con ellos"». (véase Lucas 15:2).

Jesús les responde con esta historia, y el hermano mayor representa sin lugar a duda a estas personas religiosas.

El hermano mayor no había abandonado a su padre ni le había faltado al respeto. Se había quedado y había trabajado duro. Había hecho lo que se esperaba de él.

Su motivación era la herencia que un día recibiría a cambio de «trabajar sin desobedecer jamás» día tras día. Para él, era una transacción: te ganas el favor del padre mediante tu esfuerzo.

El amor y la aceptación del padre tenían muy poco que ver con el buen comportamiento externo del hijo mayor, como tampoco con el mal comportamiento externo del hijo menor.

El amor, la aceptación y el favor de Dios no dependen de nuestro comportamiento, bueno o malo. Dependen completamente de su gracia. En lugar de trabajar en el campo todos esos años, el hermano mayor podía haber disfrutado de todo lo que tenía el padre. Qué triste ir por la vida trabajando como un burro para obtener algo que en realidad ya es tuyo.

Podemos ser como él. No sabemos lo que ya tenemos ni quiénes somos en Cristo. De cierto modo sabemos que somos salvos por gracia, no por cumplir leyes. Pero terminamos creyendo que ser discípulos de Jesús significa que tenemos que mantener ese favor haciendo lo correcto.

La historia que Jesús cuenta deja claro que la aceptación de Dios hacia nosotros, hoy, mañana y siempre, no depende de lo que hagamos o dejemos de hacer. Depende únicamente de su gracia.

Dios no quiere que fracasemos, sin embargo, nos da libertad para fracasar. Pero, incluso si caemos de bruces y lo echamos todo a perder, Dios nos levantará, nos sacudirá el polvo y nos dará la bienvenida nuevamente.

PAUSA PARA LA REFLEXIÓN 2

1. El hermano menor ha sido acogido de nuevo como hijo, pero el hermano mayor se niega a entrar a casa con el padre. Prefiere permanecer afuera, en el campo, como un esclavo. ¿Por qué crees que lo hace? ¿Con cuál hijo te identificas más?

2. Si tuvieras la certeza de que la aceptación y el amor de Dios hacia ti no dependen de lo bien que te comportas, ¿cómo cambiaría tu forma de vivir?

> ¿TRABAJAR COMO UN BURRO O SERVIR?

Algunos nos dejamos desviar por el mundo y sus falsas promesas y nos convertimos en el hermano menor.

El hijo menor se fue a una «tierra lejana», mientras que el hermano mayor se quedó en casa. Pero en la historia, no lo encontramos en la casa con el padre. Él está en los campos «trabajando como un burro». (NTV).

El hijo menor esperaba convertirse en un empleado y así ganarse todo lo que recibiera del padre. Pero el hijo mayor se le había adelantado y había asumido la identidad de un sirviente asalariado.

Ambos abandonaron su verdadera identidad de hijos. Ambos se alejaron de la relación con su padre.

Ambos terminaron pensando que tenían que ganarse el favor del padre.

Al iniciar nuestra vida cristiana, la mayoría nos identificamos mucho con el hijo menor. Somos conscientes de que necesitamos perdón y salvación y estamos muy agradecidos de recibirlos.

En ese momento comenzamos una nueva relación con nuestro Padre celestial. Y la idea es que comencemos un peregrinaje de conocerlo y parecernos cada vez más a él.

Pero algunos nos dejamos desviar por el mundo y sus falsas promesas y nos convertimos en el hermano menor.

Otros se dejan desviar por la religiosidad y se vuelven como el hermano mayor, pensando que ser cristiano se trata de hacer lo «correcto».

Pero cuando el discipulado se convierte en obedecer leyes, la vida cristiana se vuelve pesada. Debería ser al revés.

Cuando el hijo menor regresa a sus tareas, sabe que, incluso si decide no hacerlas, el padre lo seguirá amando y él seguirá siendo su hijo.

Ahora que conoce al padre y que tiene esta maravillosa relación con él, ¿no elegirá hacerlas y hacerlas bien? no por obligación, sino porque quiere hacerlas; no por obtener algo, sino por amor.

> LO QUE HACEMOS IMPORTA

"

Llegará un día, al final de los tiempos, en que Dios pondrá a prueba nuestro trabajo para ver si tiene algún valor real.

"

Pablo nos dice que llegará un día, al final de los tiempos, en que Dios pondrá a prueba nuestro trabajo para ver si tiene algún valor real. (1 Corintios 3:12-15).

Él usa la analogía de un edificio que está en llamas y dice que el fuego quemará las cosas que no tienen valor —«madera, heno, paja»— mientras que nuestros hechos que tienen valor —«oro, plata, piedras preciosas»— permanecerán para siempre.

Jesús nos dice que algunos vendrán a él al final de los tiempos y dirán que hicieron cosas asombrosas como expulsar demonios y hacer milagros en su nombre. ¿Son madera, heno y paja u oro, plata y piedras preciosas? Bueno, Jesús dice que les dirá: «...″Jamás los conocí. ¡Aléjense de mí, hacedores de maldad!″». (Mateo 7:22–23).

> NO SOLO IMPORTA LO QUE HACEMOS, SINO POR QUÉ LO HACEMOS

Dos personas pueden hacer lo mismo. Uno deleitará a Dios y tendrá valor eterno; el otro no.

¿Qué marca la diferencia?

«Si reparto entre los pobres todo lo que poseo, si entrego mi cuerpo para tener de qué presumir, pero no tengo amor, nada gano con eso». (1 Corintios 13:3).

Si nuestra motivación no es el amor, entonces no importa lo impresionantes que sean nuestras acciones, no valen nada. Se consumen como la madera, el heno y la paja. A Dios no solo le importa lo que hacemos, sino por qué lo hacemos.

Cuando Dios escogió a un candidato improbable, David, para ser rey de Israel, le dijo a Samuel respecto a Eliab: «... —No te dejes impresionar por su apariencia ni por su estatura, pues yo lo he rechazado. La gente se fija en las apariencias, pero yo me fijo en el corazón». (1 Samuel 16:7).

«Nosotros amamos porque él nos amó primero». (1 Juan 4:19). Cuando comprendamos cuánto nos ama, responderemos con amor. Así de sencillo. Haremos lo que le agrada automáticamente, no por obligación.

Cuando Jesús dijo: «Si ustedes me aman, obedecerán mis mandamientos». (Juan 14:15), estaba exponiendo un hecho. Si lo amo, le obedeceré. Tal cual.

Por lo tanto, es crítico que comprendamos la gracia. Entonces podremos decir, como Pablo, que «el amor de Cristo nos impulsa». (2 Corintios 5:14 RVA 2015).

Dios quiere que nuestra motivación sea el amor y nada más que el amor.

El Curso de la Gracia te dará la oportunidad de erradicar las motivaciones falsas como la vergüenza, la culpa, el temor, el orgullo, el desempeño y complacer a los demás.

> EL PADRE

El Padre está pendiente de ti, ya sea que estés en plena rebelión o trabajando como un burro en los campos. Cuando te vea venir, saldrá corriendo y te abrazará, y mandará a traer la túnica, el anillo y las sandalias. ¿Te los pondrás?

Cuando él te diga que todo lo que tiene ya es tuyo, toda su extensa propiedad, ¿entrarás a casa y la disfrutarás con él?

Desde esa posición de amor y seguridad, ¿llevarás a cabo lo que él ha preparado para ti, no por obligación, sino simplemente porque lo amas?

Además de ser tu salvador, ¿reconocerás a Jesús como tu rey?

PAUSA PARA LA REFLEXIÓN 3

Piensa en lo que haces para servir a Dios en los diferentes aspectos de tu vida. ¿Lo haces por amor a Dios o hay otras motivaciones?

Pídele a Dios que te ayude a descubrir lo que necesitas cambiar para que tu motivación sea el amor y nada más que el amor.

¿Por qué crees que para Dios es tan importante que tu motivación sea el amor?

SESIÓN **02**

LIBRE DE VERGÜENZA

OBJETIVO

Entender que en el núcleo de nuestro ser nuestra identidad fue completamente transformada cuando nos entregamos a Cristo.

VERSÍCULO CLAVE

«Al que no cometió pecado alguno, por
nosotros Dios lo trató como pecador, para que
en él recibiéramos la justicia de Dios».

2 Corintios 5:21

VERDAD CLAVE

Además de estar cubiertos con la justicia de Cristo, nos hemos convertido en la justicia de Dios.

CONECTA

Comparte con el grupo alguna experiencia en la que hayas pasado vergüenza.

En grupos de dos personas, tomen turnos leyendo Hebreos 10:19-22 en voz alta el uno al otro, insertando los nombres:

«"Así que, _____ (tu nombre), mediante la sangre de Jesús, tenemos confianza para entrar en el Lugar Santísimo», etcétera

Si observaste el vídeo introductorio de *La Maravilla de la Gracia* para esta sesión, ¿qué te llamó la atención?

¿Hubo algo en *Perlas diarias de gracia* de YouVersion que te hiciera pensar?

ORACIÓN Y DECLARACIÓN

Padre celestial, te damos la bienvenida entre nosotros hoy. Por favor, continúa erradicando toda motivación falsa en nosotros para que sea únicamente el amor por Jesús lo que nos impulse como hijos tuyos. Enséñanos hoy cómo tu gracia nos rescata de la desgracia y nos da libertad. Amén.

DECLARO LA VERDAD DE QUE AHORA SOY UNA NUEVA CREACIÓN EN CRISTO; ¡LO VIEJO ES PASADO Y LO NUEVO HA LLEGADO! SOY LIMPIO DEL PECADO Y YA NO TENGO QUE ESCONDERME DETRÁS DE MÁSCARAS. ORDENO A TODO ENEMIGO DEL SEÑOR JESÚS QUE ABANDONE MI PRESENCIA.

PALABRA

LA VERGÜENZA FRENTE A LA CULPA

El Curso de la Gracia nos ayudará a erradicar las motivaciones falsas y a asegurarnos de que sea exclusivamente el amor por Jesús lo que impulse nuestra vida cristiana.

En esta sesión trataremos la vergüenza y en la próxima sesión veremos la culpa.

La culpa tiene que ver con lo que hacemos. Pero la vergüenza tiene que ver con lo que somos.

La culpa dice: «He hecho algo mal». «Cometí un error». La vergüenza, por otro lado, dice: «Yo estoy mal». «Yo soy el error». Ataca nuestra identidad.

> CONSECUENCIAS DEL PECADO DE ADÁN Y EVA

En el principio de los tiempos, el amor de Dios lo movió a crear universos increíbles, galaxias asombrosas y este maravilloso planeta.

El Padre, el Hijo y el Espíritu Santo disfrutaban de una hermosa relación de amor, y su gran deseo era incluir a otros.

Entonces creó a los seres humanos y nos dio una tarea: colaborar con él para continuar poniendo orden en el caos al cuidar de este mundo.

No nos hizo como robots, obligados a seguir su programación. Por amor, nos dio la capacidad de tomar nuestras propias decisiones.

Dios no agobió a Adán y Eva con muchas normas, sino que les dijo una sola cosa. Que no comieran del fruto de cierto árbol porque... «El día que de él comas, sin duda morirás». (Génesis 2:17b).

La libertad genuina incluye consecuencias reales de las decisiones que tomamos. Por amor, Dios quería que Adán y Eva evitaran las consecuencias desagradables de una mala decisión.

El enemigo de Dios, Satanás, engañó a Eva. Ella y Adán eligieron desobedecer a Dios. Tal y como Dios les advirtió, hubo consecuencias devastadoras, no solo para ellos, sino también para sus hijos, los hijos de sus hijos y todos sus descendientes.

Adán y Eva murieron espiritualmente. Perdieron su conexión espiritual con Dios y todo lo que ella proveía: su sentido de importancia, su intimidad con Dios, su seguridad.

Su identidad fundamental cambió. Pablo dice: «Porque así como por la desobediencia de uno solo muchos fueron hechos pecadores,...». (Romanos 5:19).

> ¿QUÉ ES UN «PECADOR»?

En el Nuevo Testamento, la palabra pecador describe a aquellos que están espiritualmente muertos, que están desconectados de Dios. Ser pecador es una condición, un estado del ser.

No nos convertimos en pecadores la primera vez que pecamos. Es al revés. Nacimos espiritualmente muertos, desconectados, separados de la vida de Dios. Por lo tanto, nuestra configuración predeterminada era pecar.

> LA VERGÜENZA NOS LLEVA A ESCONDERNOS

Antes de que Adán pecara, Génesis nos dice: «En ese tiempo el hombre y la mujer estaban desnudos, pero no se avergonzaban». (Génesis 2:25).

Pero después, «En ese momento los ojos de ambos fueron abiertos y tomaron conciencia de su desnudez. Por eso, para cubrirse entretejieron hojas de higuera». (Génesis 3:7).

La vergüenza nos hace sentir tan vulnerables que buscamos encubrirnos y escondernos de Dios y de otras personas.

La vergüenza tiene que ver con nuestra identidad. Y, como veremos, el remedio de Dios es darnos una identidad completamente nueva.

PAUSA PARA LA REFLEXIÓN 1

1. ¿Qué ha hecho Dios por ti, por amor? ¿Cómo afecta eso a la forma en que te ves a ti mismo?

2. Cuando sentimos vergüenza, intentamos encubrirnos y escondernos, como lo hicieron Adán y Eva. ¿De qué formas has visto que la gente se encubre y se esconde por vergüenza?

> LA VERGÜENZA SE INTENSIFICA SI NOS CRIAMOS EN UNA CULTURA DE VERGÜENZA

Nuestras experiencias de vida tienden a determinar hasta qué punto la vergüenza nos afecta. Suele ser peor si nos criamos en una cultura basada en la vergüenza.

Todas las sociedades tienen formas de hacer que nos conformemos a sus expectativas. Los antropólogos te dirán que las sociedades occidentales individualistas tienden a usar la culpa para esto, y lo veremos en la próxima sesión.

Otras sociedades, sobre todo las orientales y africanas, utilizan la vergüenza. En estas culturas más colectivistas, si no te ajustas a las normas sociales, traes deshonra y vergüenza sobre ti y sobre tu familia.

En una cultura basada en la vergüenza, lo más importante es obtener honor y evitar la vergüenza, ser aceptado y evitar el rechazo de la comunidad. Más importante que si lo que haces está bien o mal, es si cumples o no con las expectativas del grupo.

Algunas instituciones —incluso las cristianas, o tal vez en especial las cristianas— pueden crear subculturas de vergüenza, incluso en una sociedad que no está basada en la vergüenza.

Y los padres pueden, sin saberlo, crear una cultura de expectativas rígidas. Si los niños sienten que no dan la talla, puede ser aplastante.

El mundo también establece estándares inalcanzables, por ejemplo, sobre nuestra apariencia. Si nos creemos las mentiras del mundo sobre la belleza, terminamos sintiéndonos feos y avergonzados por nuestro aspecto. Como si los que estamos mal o defectuosos somos nosotros. Entonces intentamos «arreglar» nuestra apariencia para encajar y ser aceptados

> LA VERGÜENZA SE INTENSIFICA POR LAS EXPERIENCIAS PASADAS

También podemos tener una predisposición a sentir vergüenza por cosas que hemos hecho. O por cosas que otras personas nos han hecho, sobre todo en la infancia.

Tal vez sufrimos algún tipo de abuso. Tal vez sentimos que de alguna manera fue nuestra culpa o que nos lo merecíamos. Pero los niños nunca tienen la culpa de los actos violentos o vergonzosos de los agresores.

> NUESTROS INTENTOS DE RESOLVER LA VERGÜENZA

> El mensaje básico de la vergüenza es que **estamos mal, que nosotros somos el problema.**

Terminamos sintiéndonos indefensos, insignificantes, perdidos, impotentes y desesperados.

Por tanto, nos escondemos, usamos máscaras, evitamos, fingimos. Otros mecanismos de defensa incluyen:

- La mentira.
- Desviar la culpa.
- Fingir que todo está bien.
- Criticar a los demás para que parezcan inferiores a nosotros.
- Diluir nuestros valores morales o bíblicos.

- Automedicarnos para adormecer el dolor de la vergüenza.
- Esforzarnos por alcanzar la perfección.

Estos mecanismos de defensa son como las hojas de higuera de Adán y Eva: no logran cubrir nuestra vergüenza. Ofrecen un alivio temporal, pero —como todas las estrategias de la carne— al final fracasan. ¡La solución que Dios ofrece es mucho mejor!

PAUSA PARA LA REFLEXIÓN 2

1. ¿Alguna vez han utilizado la vergüenza para manipularte, para que hicieras lo que otros querían? ¿Cómo te ha afectado?

2. ¿Qué te diría Dios sobre las situaciones en las que te sentiste avergonzado?

> EL ASOMBROSO INTERCAMBIO

> "
>
> La vergüenza asesta un golpe sobre nuestra identidad.
>
> "

El hermano menor ya no se veía a sí mismo como un hijo, sino que había asumido la identidad de un jornalero —alguien que sería aceptado sólo con base en su desempeño.

NUESTRA ANTIGUA IDENTIDAD

Todos nacimos espiritualmente muertos —desconectados de Dios.

«Como los demás, éramos por naturaleza merecedores de la ira de Dios». (Efesios 2:3b).

No éramos el pueblo que Dios había diseñado, y no podíamos hacer nada al respecto.

NUESTRA NUEVA IDENTIDAD

«... cuando todavía éramos pecadores, Cristo murió por nosotros». (Romanos 5:8).

El Nuevo Testamento usa la palabra pecador para describir a aquellos que no son cristianos. Este versículo deja claro que nosotros ya no lo somos.

«Al que no cometió pecado alguno, por nosotros Dios lo trató como pecador, para que en él recibiéramos la justicia de Dios». (2 Corintios 5:21).

En la cruz, Jesús, que era totalmente irreprensible, se hizo pecado por nosotros. Dios tomó todos nuestros defectos, fracasos, rebelión y vergüenza —y los echó sobre Cristo. Su muerte no solo pagó la multa por nuestro pecado. Cristo también tomó sobre sí nuestra naturaleza inmunda y eliminó nuestra contaminación interior.

Cuando entregamos nuestra vida a Jesús, se produce un maravilloso intercambio. No solo obtenemos el perdón de nuestros pecados. Nos convertimos en la justicia de Dios.

La profecía de Ezequiel se cumple: recibimos un corazón sincero y un espíritu renovado. (Ezequiel 11:19).

Ya no somos por naturaleza merecedores de la ira de Dios porque ahora tenemos parte en la naturaleza divina. (2 Pedro 1:4).

Cuando Jesús resucitó de entre los muertos a una nueva vida, nosotros resucitamos con él. Nos hemos convertido en personas completamente nuevas. Ahora tenemos una identidad totalmente nueva, limpia y maravillosa.

La Biblia ya no nos llama «pecadores». El término establecido para aquellos que están en Cristo es «santos». Santo significa dedicado a Dios. Especial.

En la médula de tu ser, tu identidad ha cambiado. De una persona desconectada, separada de Dios, a una persona aceptada, importante y segura en Cristo.

Tu vergüenza ha sido eliminada por completo. De una vez por todas. ¡La vergüenza pasada, presente y futura! Ya no estás contaminado. No eres inaceptable. Estás limpio. Eres digno. Puedes quitarte la máscara y derribar los muros. ¡Puedes mostrarte a Dios y a los demás sin vergüenza alguna!

Esta es la invitación de Dios para ti:

«Así que, hermanos, mediante la sangre de Jesús, tenemos confianza para entrar en el Lugar Santísimo por el camino nuevo y vivo que él nos ha abierto a través de la cortina, lo cual hizo por medio de su cuerpo. También tenemos un gran sacerdote al frente de la casa de Dios. Acerquémonos, pues, a Dios con corazón sincero y con la plena seguridad que da la fe, interiormente purificados de una conciencia culpable y los cuerpos lavados con agua pura». (Hebreos 10:19-22).

Ya no tenemos que huir. No tenemos que escondernos, independientemente de nuestro pasado, o incluso de nuestro presente, porque tenemos una identidad nueva y limpia en Cristo. Dios nos invita a acercarnos con confianza ante el trono de la gracia, ¡porque somos santos!

> UN NOMBRE NUEVO

«Las naciones verán tu justicia, y todos los reyes, tu gloria; recibirás un nombre nuevo, que el Señor mismo te dará». (Isaías 62:2).

Dios te ha dado un nombre nuevo —en realidad muchos nombres nuevos (ver las páginas 30–31).

En la Biblia, los nombres eran mucho más que etiquetas. Se consideraban un reflejo de la identidad de una persona. Estos nuevos nombres son

verdades sobre ti en lo más profundo de tu ser.

La pregunta a la que todos nos enfrentamos es: ¿Voy a creer lo que Dios dice acerca de mí en la Biblia? ¿O voy a creer lo que me dicen mis experiencias pasadas, mis luchas presentes u otras personas?

Dejemos que la gracia de Dios nos rescate de la desgracia. Aprendamos a vivir como santos, ¡porque lo somos!

Apunta aquellos nombres nuevos que más te impacten. Agradécele a Dios por lo que eres ahora.

Compartirlo con otros ayuda a que esta verdad pase de la cabeza al corazón. Dentro de un momento, gira hacia una persona a tu lado. Compartan uno con otro sus nombres nuevos. ¿Con quién más puedes compartir tu nombre nuevo durante esta semana?

> MI NUEVO NOMBRE

Mi nuevo nombre es **Amado**. (Colosenses 3:12).

Mi nuevo nombre es **Escogido**. (Efesios 1:4).

Mi nuevo nombre es **Precioso**. (Isaías 43:4).

Mi nuevo nombre es **Limpio**. (Juan 15:3).

Mi nuevo nombre es **Sano**. (Lucas 17:14 NBV).

Mi nuevo nombre es **Protegido**. (Salmo 91:14; Juan 17:15).

Mi nuevo nombre es **Bienvenido**. (Efesios 3:12).

Mi nuevo nombre es **Heredero**. (Romanos 8:17; Gálatas 3:29).

Mi nuevo nombre es **Completo**. (Colosenses 2:10 NBLA).

Mi nuevo nombre es **Santo**. (Hebreos 10:10; Efesios 1:4).

Mi nuevo nombre es **Perdonado**. (Salmo 103:3; Colosenses 2:13).

Mi nuevo nombre es **Adoptado**. (Efesios 1:5).

Mi nuevo nombre es **Deleite**. (Salmo 147:11).

Mi nuevo nombre es **Libre de vergüenza**. (Romanos 10:11 NBLA).

Mi nuevo nombre es **Conocido**. (Salmo 139:1).

Mi nuevo nombre es **Planeado**. (Efesios 1:11-12).

Mi nuevo nombre es **Dotado**. (2 Timoteo 1:6; 1 Corintios 12:11).

Mi nuevo nombre es **Enriquecido**. (2 Corintios 8:9).

Mi nuevo nombre es **Provisto**. (1 Timoteo 6:17).

Mi nuevo nombre es **Tesoro**. (Deuteronomio 7:6 NTV).

Mi nuevo nombre es **Puro**. (1 Corintios 6:11).

Mi nuevo nombre es **Afirmado**. (Romanos 16:25 TLA).

Mi nuevo nombre es **Obra maestra** de Dios. (Efesios 2:10 NTV).

Mi nuevo nombre es **Cuidado**. (Hebreos 13:5).

Mi nuevo nombre es **Libre de condenación**. (Romanos 8:1).

Mi nuevo nombre es **hijo de Dios**. (Romanos 8:15).

Mi nuevo nombre es **Amigo de Cristo**. (Juan 15:15).

Mi nuevo nombre es **Novia de Cristo**. (Isaías 54:5; Cantares 7:10).

SESIÓN **03**

LIBRE DE CULPA

OBJETIVO

Comprender que nuestra culpa ante Dios fue completamente anulada en la cruz; que todo sentimiento remanente de culpa no se basa en la realidad; y que Dios usa la gracia en lugar de la culpa para motivarnos hacia una vida santa.

VERSÍCULO CLAVE

«Y cuando ustedes estaban muertos en sus delitos y en la incircuncisión de su carne, Dios les dio vida juntamente con Cristo, habiéndonos perdonado todos los delitos, habiendo cancelado el documento de deuda que consistía en decretos contra nosotros y que nos era adverso, y lo ha quitado de en medio, clavándolo en la cruz».

Colosenses 2:13–14 NBLA.

VERDAD CLAVE

Independientemente de lo que hayamos hecho (incluso como cristianos) e independientemente de cuán culpables nos sintamos, la verdad es que la muerte de Cristo en la cruz saldó nuestra culpa por completo. Así que podemos presentarnos confiadamente ante Dios, que es puro y santo.

CONECTA

¿Qué señal de tráfico describiría tu relación con Dios en este momento? (p. ej., stop, pendiente pronunciada, desvío, cruce de caminos).

¿Cómo crees que Dios te presentaría a otros con base en tu nueva identidad? (Puedes referirte a tus nombres nuevos al final de la sesión 2).

Si observaste el vídeo introductorio de *La Maravilla de la Gracia* para esta sesión, ¿qué te llamó la atención?

¿Hubo algo en *Perlas diarias de gracia* de YouVersion que te hiciera pensar?

Padre celestial, gracias porque al elegir reconocer a Jesús como mi Rey, he recibido como regalo suyo, la vida. Gracias porque en él todas tus expectativas acerca de mi vida se cumplen en su totalidad, lo que significa que no hace falta esforzarme más, demostrar algo o compararme con los demás. Por favor, ayúdame a entender que, incluso cuando me equivoco, el sacrificio total y completo de Jesús por mí sigue siendo eficaz. Que sigo recibiendo tu perdón. Que mi culpa sigue anulada. Para siempre. Amén.

CRISTO ME PERDONA Y ME DECLARA INOCENTE DE TODOS LOS CARGOS ACUMULADOS EN MI CONTRA. ASÍ QUE, POR LA AUTORIDAD DEL SEÑOR JESUCRISTO, ORDENO QUE TODO PENSAMIENTO ACUSADOR Y CONDENATORIO EN MI MENTE ME ABANDONE AHORA.

PALABRA

SANTOS

¿Cómo te hace sentir que la Biblia te identifique como un «santo» en lugar de un «pecador»?

¿Acaso sería mejor seguir identificándonos como pecadores porque es real y honesto y podría mantenernos humildes, conscientes de nuestra debilidad y menos propensos a pecar de nuevo?

¿Qué hacen los pecadores, por definición? ¡Pecan! Si hay alguna esperanza de poder vivir como discípulos devotos de Jesús, tenemos que conocer la verdad que somos santos.

> DIOS Y LA CULPA

¿Qué pasaría si te pidieran que escribieras el final de la historia de los dos hermanos, desde el momento en que el hermano menor regresa a casa y le pide al padre que lo reciba como un trabajador asalariado — representarías al padre de modo distinto al de Jesús?

Quizá el padre debería esperar una disculpa minuciosa del hijo. Quizá el hijo debería mostrar pesar por ofender al padre y abandonar a la familia.

Quizá el hijo debería demostrar durante un tiempo que es digno de confianza y solo entonces se le permitiría gastar dinero nuevamente.

Tu respuesta dependerá de cómo ves a Dios.

Algunos se preocupan porque piensan: «no oro lo suficiente»; «no logro leer la Biblia en un año»; «soy un fracaso al compartir mi fe»; «no tengo los dones espirituales que ella tiene»; «no escucho a Dios como él»; «no doy fruto»; o por un sinfín de inquietudes.

Sentimos que Dios nos mira decepcionado y solo queremos escondernos de él.

Terminamos alejándonos, o intentando esforzarnos más cada día, o nos resignamos a seguir siendo un cristiano de segunda. Dios no quiere que vivamos así.

> PARA QUÉ VINO JESÚS

¿Para qué fue que Dios envió a Jesús, su único Hijo, a morir por nosotros?

Casi todos hemos aprendido a responder diciendo: «para perdonar mis pecados». Y es cierto. Pero considera tres razones específicas que Jesús dio:

> **«Porque el Hijo del hombre vino [...] a buscar y a salvar lo que se había perdido». (Lucas 19:10)**

Dios es amor. El amor de Dios lo motivó a buscarnos y a rescatar a los que estábamos perdidos. Él no quiere que terminemos agotados intentando agradarle.

> **«...he venido... para que tengan vida y la tengan en abundancia». (Juan 10:10).**

Adán perdió la vida. Jesús vino específicamente para devolvernos esa vida.

«así como el Hijo del hombre no vino para que le sirvan, sino para servir y para dar su vida en rescate por muchos». (Mateo 20:28).

Un rescate era el pago necesario para sacar a alguien de la esclavitud. Jesús dio su vida para rescatarnos de la esclavitud de la muerte, de la carne, del pecado y de Satanás.

En tres versículos diferentes en los que Jesús explica por qué vino, ni siquiera menciona que vino a perdonar nuestros pecados (aunque sí lo hizo).

Estos son los versículos más utilizados cuando presentamos el Evangelio:

«Porque tanto amó Dios al mundo que dio a su Hijo único, para que todo el que cree en él no se pierda, sino que tenga vida eterna. Dios no envió a su Hijo al mundo para condenar al mundo, sino para salvarlo por medio de él». (Juan 3:16-17).

Nuevamente, no se mencionan los pecados, la culpa o el perdón. El asunto es *la vida*.

Sin duda éramos culpables y está claro que Jesús murió para perdonar nuestros pecados. La idea que queremos transmitir es que, cuando Jesús, Pablo y los escritores bíblicos explicaban las buenas nuevas, la culpa y el perdón no eran el foco de su explicación.

> EL FOCO DE LA IGLESIA EN LA CULPA — UN ASUNTO HISTÓRICO

Tendemos a centrarnos en la culpa más que en otros aspectos del mensaje del Evangelio, en gran parte por razones históricas y culturales.

En muchos países «cristianos», la Iglesia actuó como una especie de policía del estado. Durante siglos, se centró en la culpa y el castigo, y advirtió a la población que Dios vigilaba minuciosamente nuestro comportamiento y llevaba cuenta.

Así fue cómo ganarnos el favor de Dios por medio de nuestro comportamiento tomó un lugar central en nuestra comprensión de Dios y del Evangelio.

A pesar de que a cierto nivel sabemos que somos salvos solo por gracia a través de la fe, en nuestro diario vivir como discípulos, muchos seguimos bajo una nube de culpa o con un sentir persistente de que lo que hacemos no basta o que no lo hacemos del todo bien.

Hemos aprendido a ver a Dios como un viejo cascarrabias, difícil de complacer. Y a los de afuera damos la impresión de ser un grupo de aguafiestas obsesionados con el pecado, la condenación y el juicio.

PAUSA PARA LA REFLEXIÓN 1

1. ¿Alguien ha intentado utilizar la culpa para manipularte e intentar que te comportes de cierta manera? ¿Cómo te ha afectado?

2. ¿De qué manera amplían tu perspectiva las razones que Jesús dio para su venida —«vida», «salvación» y «rescate»? ¿Cómo le explicarías a alguien para qué vino Jesús de manera concisa?

> DIOS ES AMOR

"
Dios es amor. Y su deseo no es condenar, sino restaurar.
"

En la Biblia, cuando Adán pecó, la consecuencia principal de ese pecado fue la muerte espiritual.

Dios no se presenta como un personaje enojado, que se siente ofendido y que con ira rechaza a las personas que creó. No, él proveyó ropa para Adán y Eva. Y de inmediato puso en marcha un plan para restaurar a la humanidad, a pesar de que implicaría la muerte de su Hijo.

Dios es amor. Y su deseo no es condenar, sino restaurar.

> HECHOS, NO SENTIMIENTOS

¿Eres culpable ante Dios?

La culpabilidad es un concepto legal que se usa en el contexto de un tribunal. Un juez o un jurado, después de analizar las pruebas de un caso, llega a la decisión de que el cargo contra el acusado es correcto y declara culpable a la persona. La culpa es un hecho, no un sentimiento.

En nuestras leyes, la culpa a menudo conlleva una sanción económica. Los conceptos de culpa y deuda están fuertemente ligados. Cuando oras el Padre Nuestro, puedes decir: «Perdónanos nuestras ofensas», pero el significado central de la palabra griega es «deudas».

En la época del Nuevo Testamento, si alguien pedía dinero prestado a otra persona, se redactaba un documento legal que detallaba exactamente qué se debía a quién, cuáles eran los términos de pago y las consecuencias de impago. Se llamaba un certificado de deuda.

Si alguien no podía pagar la deuda, su propiedad se confiscaba y vendía, o se tomaba a la persona y a su familia como esclavos.

«Y cuando ustedes estaban muertos en sus delitos y en la incircuncisión de su carne, Dios les dio vida juntamente con Cristo, habiéndonos perdonado todos los delitos, habiendo cancelado el documento de deuda que consistía en decretos contra nosotros y que nos era adverso, y lo ha quitado de en medio, clavándolo en la cruz». (Colosenses 2:13-14 NBLA).

Los EE. UU. tiene una deuda nacional de aproximadamente 33 billones de dólares y una población de aproximadamente 330 millones. Equivale a una deuda de US$100.000 por cada ciudadano. Imagínate que hoy nace un bebé; por el simple hecho de haber nacido estadounidense y por el gasto de las generaciones anteriores, apenas nace ¡tiene una deuda de US$100.000!

Debido a la rebelión de Adán, todos nacimos con un certificado de deuda con Dios.

Es decir, fuimos culpables ante Dios desde nuestro primer aliento. Nuestros pecados subsecuentes aumentaron esa deuda. Y no éramos capaces de pagarla.

Estos versículos nos dicen que Dios hizo dos cosas importantes. Primero, nos dio vida con Cristo y nos dio una nueva identidad asombrosa. Luego, Dios marcó nuestro certificado de deuda como **«anulado»** y lo clavó en la cruz con Jesús.

"

No tenemos culpa alguna. ¡Somos libres de deudas!

"

Todos nuestros pecados han sido perdonados —pasados, presentes y futuros.

No tenemos culpa alguna. ¡Somos libres de deudas!

«Por lo tanto, ya no hay ninguna condenación para los que están en Cristo Jesús,». (Romanos 8:1).

¡Ya no hay ninguna! ¡Ninguna en absoluto!

Lo máximo que puede hacer un tribunal humano es declararte «no culpable». Pero la gracia de Dios va más allá. Para Dios, es como si lo que hicimos nunca hubiera sucedido. ¡Nos declara «**inocentes**»! Y ese es un hecho legal.

En Cristo, todas las expectativas que Dios tiene de ti se han cumplido plenamente. No hace falta que te esfuerces más ni que te compares con los demás. No tienes nada que probar, ninguna deuda que pagar. Tu culpa ha desaparecido. Para siempre. ¡Eres libre de culpa! ¡Es un hecho!

¿Y si todavía te sientes culpable? Entonces tus sentimientos te están mintiendo.

Quizá tu conciencia aún no ha captado plenamente la maravilla del perdón total de Cristo. O quizá estás escuchando el susurro de tu enemigo, Satanás. En cualquier caso, la solución es tomar la decisión de creer que lo que Dios te dice claramente en la Biblia es la verdad. ¡Eres inocente!

PAUSA PARA LA REFLEXIÓN 2

1. ¿Recuerdas alguna ocasión en la que tú u otra persona haya hecho algo malo, pero no se sintiera culpable o, por el contrario, se sintiera culpable por algo que no estaba mal?

2. Comparte con el grupo lo que la palabra deuda te trae a la mente. ¿Alguna vez tuviste una deuda que no podías pagar?

3. ¿Cómo te hace sentir el ser declarado «inocente» por Dios?

> ¿PODEMOS SEGUIR PECANDO?

Si Dios nos acepta de nuevo sin condición, ¿podemos hacer lo que nos dé la gana?

Hay siete cartas de Jesús a las iglesias en Apocalipsis, pero solo a una la elogia por su amor —la iglesia de Tiatira. Sin embargo, parece que las personas en esta iglesia llegaron a pensar que la gracia implicaba que podían hacer lo que les viniera en gana y siguieron practicando la inmoralidad sexual y la adoración de ídolos. Las palabras de Jesús sobre las consecuencias de estas fechorías van dirigidas a su líder y son un tanto chocantes:

«Por eso la voy a postrar en un lecho de dolor y a los que cometen adulterio con ella los haré sufrir terriblemente, a menos que se arrepientan de lo que aprendieron de ella. A los hijos de esa mujer los heriré de muerte. Así sabrán todas las iglesias que yo soy el que escudriña la mente y el corazón, y a cada uno de ustedes lo trataré de acuerdo con sus obras». (Apocalipsis 2:22-23).

Tal vez no puedas concebir que Jesús use este lenguaje. Pero Dios es amor. Por lo tanto, todo lo que hace, y todo lo que dice, proviene del amor.

Por amor, Dios ha establecido límites para *protegernos*. Le dijo a Adán que no comiera del árbol porque conocía las consecuencias. Y es porque Dios ama a esta mujer y a esta iglesia que les dice que no sigan pecando. Su intención es que no sufran, que no mueran. Si verdaderamente entendiéramos las consecuencias del pecado, comprenderíamos también por qué Dios lo toma tan en serio.

Si vemos a un niño trepar por una rama que sabemos que se va a romper, nos pondríamos a gritar y a correr hacia él. Al niño le parecería que estamos enojados, cuando en realidad estamos expresando amor.

«Este es el mensaje que hemos oído de él y que anunciamos: Dios es luz y en él no hay ninguna oscuridad. Si afirmamos que tenemos comunión con él, pero vivimos en la oscuridad, mentimos y no ponemos en práctica la verdad. Pero si vivimos en la luz, así como él está en la luz, tenemos comunión unos con otros y la sangre de su Hijo Jesucristo nos limpia de todo pecado. Si afirmamos que no tenemos pecado, nos engañamos a nosotros mismos y la verdad no está en nosotros. Si confesamos nuestros pecados, Dios, que es fiel y justo, nos los perdonará y nos limpiará de toda maldad». (1 Juan 1:5-9).

Cuando caminamos abierta y cercanamente con el Padre, vamos a desear vivir en la luz. Si alguien persiste en el pecado y no le causa molestia alguna, nos preguntamos si de verdad conoce a Jesús.

> CUANDO NOS EQUIVOCAMOS

Para aquellos que conocemos a Jesús, nuestra carne seguirá tirándonos hacia el pecado. Si decimos que nunca caemos en la trampa, nos engañamos a nosotros mismos.

Sin embargo, cuando sabemos que Dios no se enfada con nosotros, sino que nos sigue amando, podemos reconocer y estar de acuerdo con él en que hemos pecado. Eso es lo que quiere decir «confesar». Pero también podemos estar de acuerdo con él en que, al confesar, recibimos perdón absoluto en Cristo.

«Así que sométanse a Dios. Resistan al diablo y él huirá de ustedes». (Santiago 4:7).

La confesión es parte de lo que Santiago llama someterse a Dios. Pero también nos insta a resistir al diablo (Santiago 4:7). Lo más peligroso del pecado es que le abre al enemigo una puerta de influencia en nuestra vida que nos impedirá dar fruto. Es necesario cerrar esa puerta al someternos y resistir.

Los Pasos hacia la Libertad en Cristo son una manera tranquila y respetuosa para hacer justamente eso.

Al final del *Curso de la Gracia*, podrás pasar por *los Pasos para experimentar la gracia de Dios*, un proceso similar en el que tratas los obstáculos que te impiden disfrutar de la gracia de Dios.

Cuando respondemos con arrepentimiento, Dios nos limpia de todo mal e injusticia y nos restaura a la comunión con Jesús y con los demás.

> DIOS NO QUIERE QUE LA CULPA NOS APLASTE

¿Crees que la culpa puede motivarnos a alejarnos del pecado?

Había muchos problemas de pecado en la iglesia de Corinto: celos, peleas, inmoralidad sexual, embriaguez y discriminación de clase, entre otros.

Pablo no los pasó por alto, sino que se preocupó. Le dio vueltas al asunto, considerando cómo abordarlo porque entendía las graves consecuencias del pecado. Decidió escribirles una carta severa. La estrategia funcionó, y en una carta posterior escribió:

«Si bien los entristecí con mi carta, no me pesa. Es verdad que antes me pesó, porque me di cuenta de que por un tiempo mi carta los había entristecido. Sin embargo, ahora me alegro, no porque se hayan entristecido, sino porque su tristeza los llevó al arrepentimiento. Ustedes se entristecieron tal como Dios lo quiere, de modo que nosotros de ninguna manera los hemos perjudicado». (2 Corintios 7:9-10).

LA TRISTEZA DEL MUNDO

Después de que Judas traicionó a Jesús, se llenó de remordimiento, pero no tuvo esperanza. En lugar de confiar en Aquel que perdonaría su traición, fue y se ahorcó.

Muchos hemos aprendido a responder al pecado en nuestra vida mediante un ciclo vicioso de pecado y culpa. Esa es la tristeza del mundo.

LA TRISTEZA QUE PROVIENE DE DIOS

El objetivo de Pablo no era hacerles sentir culpables y que respondieran con tristeza del mundo. Él quería que experimentaran la tristeza de Dios que los llevaría al arrepentimiento.

Pedro había traicionado a su mejor amigo en su momento de mayor necesidad negándolo tres veces. Cuando Jesús sale a su encuentro después de resucitar, ni siquiera menciona su fallo monumental. Le prepara el desayuno y con cariño le pregunta tres veces si lo ama, una vez por cada negación. Entonces Jesús lo restaura. Y esta gracia le permite a Pedro experimentar la tristeza que lleva al arrepentimiento y poder avanzar en lugar de hundirse.

Dios quiere que entendamos que todo pecado tiene consecuencias, pero no quiere que estemos agobiados por la culpa, independientemente de lo que hayamos hecho o de lo que nos tenga atrapados en este momento. Él quiere que esa tristeza que lleva al arrepentimiento te atraiga a sus brazos, donde recibirás la misma bienvenida que el hijo menor.

> LA GRACIA, LA MOTIVACIÓN MÁS PODEROSA

Entonces, ¿puedes hacer lo que te venga en gana? Si lo preguntas es que no lo has captado. Cuando realmente entiendas lo que implica la gracia, no querrás seguir pecando.

La motivación más poderosa para vivir en santidad es la gracia y no la culpa.

PAUSA PARA LA REFLEXIÓN 3

Pídele a Dios que te muestre qué experiencias te han hecho dudar de que él es amor. Apúntalas. Llévaselas a Dios en oración. Luego pídele que te ayude a entender cómo él se ha mantenido fiel a su esencia de amor en esas situaciones.

SESIÓN **04**

VICTORIOSO

OBJETIVO

Comprender por qué nuestra nueva identidad en Cristo implica que, aunque pecaremos de vez en cuando, en todo momento podemos elegir no hacerlo, y podemos poner fin a los ciclos viciosos de pecado-confesión.

VERSÍCULO CLAVE

«porque el que muere queda liberado del pecado».

Romanos 6:7

VERDAD CLAVE

Debemos aprender a tomar en cuenta toda la realidad (incluso el mundo espiritual invisible) para poder romper el poder del pecado en nuestra vida. Pero, a través de la gracia de Dios, podemos vivir en victoria sobre el pecado y Satanás.

CONECTA

¿Prefieres ser una oruga o una mariposa? ¿Por qué?

En Romanos 8, Pablo habla a los cristianos que se enfrentan a dificultades: menciona tribulación, angustia, persecución, hambre, desnudez, peligro y la posibilidad siempre presente de la muerte: la espada. Luego dice (versículo 37): «Sin embargo, en todo esto somos más que vencedores por medio de aquel que nos amó».

¿Cómo has experimentado el saber que eres «más que vencedor» en Cristo en medio de circunstancias difíciles?

También puedes considerar lo que Pablo dice a continuación:

> «Pues estoy convencido de que ni la muerte ni la vida, ni los ángeles ni los demonios, ni lo presente ni lo por venir, ni los poderes, ni lo alto ni lo profundo, ni cosa alguna en toda la creación podrá apartarnos del amor que Dios nos ha manifestado en Cristo Jesús nuestro Señor». (Romanos 8:38-39).

Si observaste el vídeo introductorio de *La Maravilla de la Gracia* para esta sesión, ¿qué te llamó la atención?

¿Hubo algo en *Perlas diarias de gracia* de YouVersion que te hiciera pensar?

ORACIÓN Y DECLARACIÓN

Padre celestial, gracias porque no tengo un sumo sacerdote incapaz de compadecerse de mis debilidades, sino uno que en todo ha sido tentado como yo, pero sin pecado. Elijo acercarme al trono de la gracia con confianza, para recibir misericordia y encontrar la gracia que me ayude oportunamente. Amén. (Hebreos 4:15-16).

DECLARO QUE ESTOY UNIDO A CRISTO NO SOLO EN SU MUERTE, SINO TAMBIÉN EN SU RESURRECCIÓN Y ASCENSIÓN. AHORA ESTOY SENTADO CON ÉL A LA DIESTRA DEL PADRE, EL LUGAR DE MÁXIMO PODER Y AUTORIDAD, MUY POR ENCIMA DE TODO PODER MALIGNO. ME SOMETO A DIOS Y RESISTO AL DIABLO Y DECLARO QUE ¡ÉL NO TIENE MÁS REMEDIO QUE HUIR DE MÍ!

PALABRA

LO QUE HACES PROVIENE DE LO QUE ERES

Pablo dice que somos «más que vencedores» (Romanos 8:37); Somos victoriosos. En esta sesión, vamos a ver la gracia que Dios nos da cuando enfrentamos tentación o cuando nos sentimos atrapados en un pecado y no parece haber escapatoria.

Nos centraremos en un principio clave: lo que haces proviene de lo que eres.

2 Corintios 5:17 es una declaración dramática acerca de quiénes somos ahora:

«Por lo tanto, si alguno está en Cristo, es una nueva creación. ¡Lo viejo ha pasado, ha llegado ya lo nuevo!».

Cuando elegimos seguir a Jesús, nos convertimos en alguien totalmente nuevo. Somos tan diferentes de cómo éramos antes, al igual que una mariposa de una oruga. En el centro de nuestro ser, nuestra naturaleza es ahora limpia y santa.

> LIBRE DEL PODER DEL PECADO

«porque el que muere queda liberado del pecado. Ahora bien, si hemos muerto con Cristo, confiamos en que también viviremos con él». (Romanos 6:7-8).

La mayoría aprendimos a identificarnos con Jesús en su muerte, el Viernes Santo. Su muerte trató con el *castigo* del pecado, y recibimos el perdón de nuestros pecados por su sacrificio.

Pero en Romanos 6 Pablo no se refiere al *perdón* de los pecados. Se refiere a ser liberado de la **esclavitud** al pecado, de la compulsión a pecar.

Y la verdad clave que él quiere que sepamos para lidiar con el **poder** del pecado es que hemos resucitado a una nueva vida con Cristo.

Cuando alguien que conoces muere, tu relación con él termina. El pecado no ha muerto —de hecho, sigue vivo—, pero nosotros hemos muerto con Cristo, y eso ha terminado nuestra relación con el pecado.

El argumento de Pablo es que, así como Cristo nunca volverá a estar sujeto a la muerte, al haber resucitado con él, nunca más estaremos sujetos a la esclavitud del pecado.

¿Has muerto con Cristo? ¡Sí! Entonces has sido liberado del pecado.

Es muy probable que estés pensando: «No me **siento** libre de pecado. De hecho, a veces peco».

Pablo es consciente de eso, por lo que a continuación nos da tres instrucciones claras basadas en estas grandes verdades. Aquí está la *primera instrucción*:

«De la misma manera, también ustedes considérense muertos al pecado, pero vivos para Dios en Cristo Jesús». (Romanos 6:11).

Si aún te ves como un pecador, aunque seas un pecador perdonado, ¿qué harás? ¡Pecarás! Lo que haces proviene de lo que eres, o de lo que crees que eres.

Pero hemos recibido mucho más que solo el perdón:

¡Nuevamente tenemos vida!

¡Somos nuevas criaturas!

¡Somos la justicia de Dios!

¡Somos santos!

Pablo nos anima a ignorar nuestros sentimientos y a atenernos a los hechos. Independientemente de lo que **sintamos**, la verdad es que ahora estamos vivos para Cristo y muertos al pecado. No hace falta que nos esforcemos por **convertirlo** en una realidad. **Es** un hecho. Simplemente tomamos la decisión de creer lo que afirman las Escrituras y vivir con base en ella.

Debido a que eres un santo que ha resucitado con Cristo a una nueva vida, en cualquier momento eres verdaderamente libre de tomar la decisión correcta. Lo que **haces** proviene de lo que **eres**.

1. En Juan 8:31-32 Jesús dice: «... —Si se mantienen fieles a mis palabras... conocerán la verdad, y la verdad los hará libres» Luego deja claro que la libertad a la que se refiere es la libertad del pecado: «—Les aseguro que todo el que peca es esclavo del pecado —afirmó Jesús—.Ahora bien, el esclavo no se queda para siempre en la familia; pero el hijo sí se queda en ella para siempre. Así que, si el Hijo los libera, serán ustedes verdaderamente libres». (Juan 8:34-36). ¿Cómo es que conocer la verdad nos libera de la esclavitud del pecado? ¿Qué verdad específica necesitamos saber?

2. «Lo que haces proviene de lo que eres». ¿Cómo cambia este principio tu perspectiva sobre la posibilidad de liberarte de patrones persistentes de pecado en tu vida?

> LAS CONSECUENCIAS DE LAS MALAS DECISIONES

Cuando una mariposa se moja por la lluvia, no puede volar y termina arrastrándose lentamente por el suelo, como si fuera una oruga.

Aunque seamos santos, podemos comportarnos como pecadores.

Si nos equivocamos, Dios no nos reprocha: «¡Qué pecador eres!» Sus palabras hacia nosotros se parecen más a esto: «Eres mi hijo, eres un santo, una criatura completamente nueva. *No* eres un pecador. ¿Por qué te *comportas* como tal?».

Cuando tú, un santo, actúas de modo contrario a tu identidad y pecas, eso no cambia el que eres santo, ni el amor de Dios por ti. Pero sí afecta el fruto que das.

Cuando nos equivocamos, pensamos que el problema es que hemos decepcionado a Dios, pero la *segunda instrucción* de Pablo demuestra que le preocupa algo muy distinto:

> «Por lo tanto, no permitan ustedes que el pecado reine en su cuerpo mortal ni obedezcan a sus malos deseos». (Romanos 6:12).

El pecado es como un «ex» tóxico, y *podemos* reavivar nuestra relación con el pecado. A Pablo le preocupa que nuevamente terminemos enganchados —permitiendo que el pecado tome el lugar de Jesús como rey y nos someta otra vez a la esclavitud.

> EL PECADO ES UN ASUNTO DE GUERRA ESPIRITUAL

Entonces, ¿cómo impedimos que el pecado reine en nuestro cuerpo? Aquí está la *tercera instrucción:*

> «No ofrezcan los miembros de su cuerpo al pecado como instrumentos de injusticia; al contrario, ofrézcanse más bien a Dios como quienes han vuelto de la muerte a la vida, presentando los miembros de su cuerpo como instrumentos de justicia». (Romanos 6:13).

Puedes optar usar tu automóvil para llevar a una anciana a la iglesia o para traficar drogas. Del mismo modo, tenemos la opción de elegir cómo usamos nuestro cuerpo.

Podemos ofrecernos al pecado o a Dios. No hay término medio. Todos los días nos enfrentamos a esa decisión.

Los adversarios en la batalla no somos sólo nosotros y nuestra carne. Pablo habla del pecado como si fuera una persona y deja claro (véase Efesios 4:26-27) que es un asunto de guerra espiritual.

Si permitimos que el enojo nos dure hasta la puesta del sol (que es una emoción, no un pecado), permitimos que se convierta en el pecado de falta de perdón y le damos al diablo un lugar de influencia en nuestra vida.

> NUESTRA COSMOVISIÓN PUEDE SER UN OBSTÁCULO

Si te has criado en Occidente, es posible que reconozcas la existencia del diablo y los demonios teológicamente, pero tu cosmovisión te predispone a ignorar la realidad del mundo espiritual en la vida diaria. Por tanto, aunque tenemos la autoridad espiritual para lidiar con ello, terminamos engañados y no hacemos nada. Y nuestra pasividad permite que el diablo mantenga un lugar de influencia en nuestra vida.

Por otro lado, si te has criado en otra cultura, puede que tengas una mayor conciencia del reino espiritual. Pero es probable que predomine el temor, otorgándole demasiado poder a todo lo demoníaco. Y puede que pienses que se requiere algo más que simplemente someterse a Dios y resistir al diablo (Santiago 4:7). Pero no es así.

"

Santiago 4:7 nos manda a hacer dos cosas: someternos y resistir.

"

> UNA ANALOGÍA

Muchos cristianos piensan que el pecado se resuelve pidiendo perdón a Dios y apartándose del pecado, con la intención de no repetirlo. Una analogía puede ayudarnos a entender por qué la confesión por sí sola no basta.

Digamos que me alquilan una casa y me dicen que jamás debo abrir la puerta al sótano. Pero un día, escucho una voz detrás de la puerta que dice: «¡Auxilio! ¡Déjame salir, estoy atrapado!» Abro la puerta cuando nadie está en casa. Y sale un perro enorme que clava sus dientes en mi pierna y no me la suelta. La voz ahora me acusa. «¡Qué tonto! ¿Qué creías que iba a pasar?».

El problema es que este perro es invisible. No sé qué rayos pasó. Solo sé que hice algo mal y ahora tengo dolor y me siento fatal. ¿Con quién me enfado —con el perro? No, porque no lo veo. Me enfado conmigo mismo.

Pero sigo adelante cojeando, con un perro invisible colgado de mi pierna, diciéndome que soy un fracaso. Y eso será un obstáculo al poder de Dios que me permite vivir en santidad.

Me resultará más difícil resistir a la tentación o tomar buenas decisiones.

Y cuanto más vueltas dé en ese círculo vicioso, más me acusará el enemigo y más vergüenza sentiré por lo que he hecho.

Si abrimos la puerta, permitimos que el pecado reine, que se convierta en nuestro amo. No basta con confesar el pecado. Santiago 4:7 nos manda a hacer 2 cosas: someternos y resistir.

La confesión es parte de la sumisión. Pero también debemos resistir activamente al diablo y así reclamar el lugar de influencia que nuestro pecado le cedió.

Volvamos a nuestra analogía. Empiezo confesando: «Dios Padre, abrí la puerta. Por favor, perdóname». Entonces le ordeno al perro que suelte mi pierna y que se vaya. Pero ¿por qué puedo esperar que el perro me obedezca? Por lo que soy ahora. Nos hemos unido a Cristo, no solo en su muerte y su Resurrección, sino también en su Ascensión a la diestra del Padre. Estamos sentados junto a él en este momento, muy por encima de todo poder y autoridad, incluido Satanás (Efesios 2:6).

"

«Así el pecado no tendrá dominio sobre ustedes, porque ya no están bajo la Ley sino bajo la gracia». (Romanos 6:14).

"

> RESUMEN

«Así el pecado no tendrá dominio sobre ustedes, porque ya no están bajo la Ley sino bajo la gracia». (Romanos 6:14).

Si hemos permitido que reine el pecado, podemos resolverlo al:

1. Someternos a Dios *y* resistir al diablo.

2. Saber que ahora estamos muertos al pecado y vivos para Dios.

3. Tomar la decisión diaria de impedir que el pecado reine en nuestro cuerpo y ofrecer cada parte de nuestro cuerpo a Dios, no al pecado.

En toda área de tu vida, o eres libre o eres un esclavo. No vas creciendo en libertad. Te apropias de ella.

1. ¿Cómo crees que la cosmovisión con la que te criaste minimiza o exagera la realidad y el poder de «las fuerzas espirituales malignas en las regiones celestiales?». (Efesios 6:12)

2. «En toda área de tu vida o eres libre o eres un esclavo. No vas creciendo en libertad. Te apropias de ella». ¿Cómo podría ayudarte este principio a salir de los patrones de pecado persistentes?

> TOMA LA SALIDA DE LA TENTACIÓN

Cómo podemos resistir la tentación? El primer paso es asegurarnos de cerrar todas las puertas que hemos abierto al enemigo.

«Ustedes no han sufrido ninguna tentación que no sea común al género humano. Pero Dios es fiel y no permitirá que ustedes sean tentados más allá de lo que puedan aguantar. Más bien, cuando llegue la tentación, él les dará también una salida a fin de que puedan resistir». (1 Corintios 10:13).

La salida que Dios provee está siempre al inicio del proceso de la tentación.

Tenemos que aprender a reconocer esos pensamientos aparentemente inocentes por lo que son en realidad —una tentación— y «llevamos cautivo todo pensamiento para que obedezca a Cristo». (2 Corintios 10:5).

Cada tentación es un intento de convencerte a vivir independientemente de Dios. Satanás conoce tu historia, sabe exactamente dónde eres vulnerable, y ahí atacará. Su objetivo es persuadirte a satisfacer tus necesidades legítimas de aceptación, significado y seguridad, pero mediante fuentes ilegítimas y no en Dios.

Pero Dios ha prometido «Así que mi Dios les proveerá de todo lo que necesiten, conforme a las gloriosas riquezas que tiene en Cristo Jesús» (Filipenses 4:19), y necesitamos aprender a estar satisfechos solo en él.

Toda tentación se basa en una mentira.

> ACÉRCATE AL TRONO DE LA GRACIA

«Porque no tenemos un sumo sacerdote incapaz de compadecerse de nuestras debilidades, sino uno que ha sido tentado en todo de la misma manera que nosotros, aunque sin pecado. Así que acerquémonos confiadamente al trono de la gracia para recibir la misericordia y encontrar la gracia que nos ayuden oportunamente». (Hebreos 4:15-16)

Jesús sabe lo que es vivir en este mundo caído, rodeado de tentaciones. Él conoce nuestras debilidades y no nos condena por ellas. De hecho, se compadece de nosotros.

Nos invita a acercarnos con confianza, no que entremos arrastrándonos como miserables gusanos. Si hemos fallado, recibiremos misericordia, perdón y comprensión. Si nos enfrentamos a la tentación, recibiremos gracia para vencerla.

Dios te ama... y mucho. Independientemente de dónde te encuentres en este momento, él tiene planes preparados para ti y sabe cuánto fruto puedes dar.

Lo que haces proviene de lo que eres. Y tú eres un hijo puro y santo del Dios vivo. Eres victorioso. De hecho, ¡eres más que vencedor en Cristo!

Acércate. Recibe misericordia. Encuentra la gracia que te ayude oportunamente

PAUSA PARA LA REFLEXIÓN 3

Pídele al Espíritu Santo que te revele dos o tres áreas de tentación a las que eres más vulnerable. Apuntalas. Pregúntale por qué eres vulnerable a esas cosas en particular. ¿Acaso por experiencias pasadas, por ejemplo?

Por cada área, pídele a Dios que te muestre la mentira detrás de tu vulnerabilidad al pecado. ¿Qué versículos de la Biblia podrías usar para contrarrestar esas mentiras?

ROMPE EL CICLO VICIOSO DE PECAR-CONFESAR

¿Te sientes frustrado por volver una y otra vez a los mismos pecados?

Te invitamos a leer en voz alta la siguiente declaración (basada en Romanos 6 y Santiago 4).

En lugar de apoyarte en tus propias fuerzas y ponerte límites rígidos para evitar pecar, puedes vivir en la realidad de tu nueva identidad, Cristo en ti la esperanza de gloria (Colosenses 1:27). Declárala a diario el tiempo que haga falta.

> **Declaro que ahora soy una nueva criatura en Cristo. Estoy muerto al pecado y vivo para Dios. Confieso mis pecados [_____ nombra cada pecado habitual] y me alejo de ellos.**

> **Declaro que el pecado de [_____ nombra cada pecado habitual uno por uno] ya no me gobierna, y renuncio a su control sobre mí. Jesús, que vive en mí, es mi amoroso Amo y Rey, y todo lo que soy ahora le pertenece a él.**

> **Gracias, Jesús, por hacerme santo, porque como tal PUEDO glorificarte en mi cuerpo. Por lo tanto, me niego a ofrecer mi cuerpo al pecado. Al contrario, someto todo lo que soy a mi Padre celestial, que me levantó a la vida con Cristo. Ahora ofrezco gozoso las partes de mi cuerpo: mi corazón, mis ojos, mis oídos, mi boca, mi lengua, mis manos, mis pies, mis órganos sexuales, mi pensar, mi entendimiento, mi capacidad mental, mis emociones, mi imaginación y mi razonamiento a Dios, y elijo usar estas partes de mi cuerpo como instrumentos de justicia, confiando solamente en el poder de su Espíritu Santo en mi interior para lograrlo.**

> **Entonces, me someto completamente a Dios y resisto al diablo, que ahora debe huir de mí (Santiago 4:7).**

¿QUÉ SON «LOS PASOS PARA EXPERIMENTAR LA GRACIA DE DIOS»?

Los Pasos para experimentar la gracia de Dios es una sesión práctica para asegurarte de que los principios bíblicos que hemos visto en *El Curso de la Gracia* se conviertan en una realidad en tu vida.

Le pedirás al Espíritu Santo que te ayude a ver las áreas de pecado que le dan al enemigo alguna influencia en tu vida. A medida que te sometes a Dios, reconociendo los problemas y alejándote de ellos, cerrarás las «puertas» que abriste. Al final del proceso, resistirás al diablo y él no tendrá más remedio que huir de ti.

Todo esto se hace de una manera tranquila y respetuosa, y es un proceso entre tú y Dios.

Durante el proceso, podrás identificar las áreas en las que tus creencias no coinciden con lo que la Biblia enseña que es la verdad.

La sesión del *Demoledor de bastiones* que le sigue te enseñará un método sencillo para demoler las mentiras arraigadas. Lo puedes utilizar el resto de tu vida cada vez que te des cuenta de que tu sistema de creencias está desfasado con respecto a la Biblia.

Tanto *los Pasos para experimentar la gracia de Dios* como el *Demoledor de bastiones* se realizarán al final del curso, después de la sesión 8.

SESIÓN 05

VALIENTE

OBJETIVO

Entender cómo lidiar con los temores malsanos para que no nos controlen.

VERSÍCULO CLAVE

«En el amor no hay temor, sino que el amor perfecto echa fuera el temor. El que teme espera el castigo, así que no ha sido perfeccionado en el amor».

1 Juan 4:18

VERDAD CLAVE

No tenemos que permitir que los temores malsanos nos controlen o establezcan la agenda en nuestra vida porque Dios es todopoderoso y omnipresente y nos ha dado dones de gracia: el poder, el amor y el dominio propio.

CONECTA

¿Qué te causaba temor cuando eras pequeño?

Leer juntos, Isaías 41:10 en voz alta:

«Así que no temas, porque yo estoy contigo; no te angusties, porque yo soy tu Dios.

Te fortaleceré y te ayudaré; te sostendré con la diestra de mi justicia».

Agradécele a Dios por estas verdades.

Si observaste el vídeo introductorio de *La Maravilla de la Gracia* para esta sesión, ¿qué te llamó la atención?

¿Hubo algo en *Perlas diarias de gracia* de YouVersion que te hiciera pensar?

ORACIÓN Y DECLARACIÓN

Querido Padre celestial, gracias porque has prometido que no me dejarás ni me abandonarás, y me mandas a ser fuerte y valiente (Josué 1:5-6). Gracias porque tu gracia y amor son mucho más fuertes que todos mis temores, por lo que puedo decir con confianza: «Eres mi ayudador; No temeré». (véase Hebreos 13:5-6). Te alabaré y adoraré continuamente para habitar en la verdad de que tú, el Dios de gracia omnisciente, omnipresente, todopoderoso y amoroso, estás conmigo y en mí. Amén.

DECLARO LA VERDAD DE QUE DIOS NO ME HA DADO UN ESPÍRITU DE TIMIDEZ, SINO DE PODER, DE AMOR Y DE DOMINIO PROPIO (2 TIMOTEO 1:7). JESÚS ES MI SEÑOR, Y LE DIGO A TODO ENEMIGO DE CRISTO QUE DEBE ABANDONARME AHORA. EL ESPÍRITU QUE RECIBÍ NO ME HACE ESCLAVIZA DE NUEVO AL MIEDO, SINO EL ESPÍRITU QUE ME ADOPTA COMO HIJO/A Y QUE ME PERMITE CLAMAR: «ABBA, PADRE» (ROMANOS 8:15). DIOS ESTÁ A MI FAVOR Y ME LIBRARÁ DE TODOS MIS TEMORES. SOY UN HIJO AMADO DE DIOS Y YA NO HAY NINGUNA CONDENACIÓN PARA MÍ PORQUE ESTOY EN CRISTO JESÚS (ROMANOS 8:1).

PALABRA

EL VALOR NO ES LA AUSENCIA DE TEMOR

«Porque somos hechura de Dios, creados en Cristo Jesús para buenas obras, las cuales Dios preparó de antemano para que las hiciéramos». (Efesios 2:10).

Debido a quién eres ahora, Dios tiene planes preparados para ti. Él no necesita tu ayuda, obviamente, pero en su gracia, te invita a trabajar con él.

Tal vez esa idea te llene de emoción. Pero puede que la idea sea aterradora.

Después de décadas de vagar por el desierto, los israelitas debían cruzar el río Jordán y tomar la tierra que Dios les había prometido. Y Dios quería que Josué los guiara.

Eso hubiera sido fácil si la tierra hubiera estado vacía. Pero no fue así. Estaba llena de gente extraordinariamente grande y aterradora. Además, tenían un arsenal de armas, y no los iban a recibir con los brazos abiertos.

Nos podemos hacer una idea de cómo se sentía Josué por lo que Dios le dice:

«Así como estuve con Moisés, así estaré contigo. No te dejaré ni te abandonaré. Sé fuerte y valiente...». (Josué 1:5b-6).

A continuación, Dios repite dos veces: «solo te pido que seas muy fuerte y muy valiente» (v. 7) y «... ¡Sé fuerte y valiente!...»(v. 9) porque obviamente Josué no se sentía así, sino todo lo contrario: débil y asustado.

Y añade un mandato: «Solo te pido que seas fuerte y muy valiente para obedecer toda la ley que mi siervo Moisés te ordenó...; solo así tendrás éxito dondequiera que vayas». (v. 7).

Solo le dio una orden a Josué: seguir cuidadosamente las instrucciones de Dios, la Ley de Dios. Si lo hacía, Dios le prometía éxito en la aventura descabellada de tomar la tierra con un grupo de vagabundos del desierto.

El coraje no es la ausencia de temor. Es tomar la decisión correcta frente a ese temor. El temor es otro falso motivador. Contrario a lo que esperaríamos, la gracia nos permite liberarnos del temor.

> ¿QUÉ ES EL TEMOR?

El temor es una reacción emocional a una percepción de peligro o daño inminente que desencadena una respuesta física en nuestro cuerpo.

Cuando nos enfrentamos a una situación peligrosa, nuestro cerebro evalúa rápidamente si es mejor quedarse y luchar, huir, permanecer muy quieto o apaciguar la amenaza. Luego envía una señal a nuestras glándulas suprarrenales, que bombean hormonas por todo nuestro cuerpo para que podamos reaccionar rápidamente.

El **temor sano** es un temor que tiene sentido. Por ejemplo, evita acariciar a un perro rabioso que echa espuma por la boca.

Pero también está el **temor malsano**. Ese temor es una respuesta ilógica o desproporcionada a un objeto o suceso. Por ejemplo, temer a todas las arañas, incluso las más pequeñas que no pueden hacerte daño alguno.

Un temor malsano funciona como una serpiente boa constrictor. Esta serpiente se enrosca alrededor de la víctima. Cada vez que la víctima exhala, ella aprieta. Sigue apretando con cada aliento hasta que la ahoga.

Así son los temores malsanos —nos aprietan, ahogan nuestro gozo y nuestro mundo se reduce.

Los temores más severos se conocen como **fobias**. Pueden llegar a ser tan sofocantes como la «agorafobia», que es cuando evitas salir de casa porque temes perder el control en un lugar público.

No todos tenemos fobias, pero la mayoría somos vulnerables a temores malsanos que pueden limitar lo que hacemos si no los abordamos.

El temor nos paraliza. Nos confunde. Nos impide pensar con claridad.

Perdemos la perspectiva y nos ofuscamos. Solamente podemos pensar en nosotros mismos: nuestra seguridad, nuestra protección o nuestra reputación.

> EL AMOR ECHA FUERA EL TEMOR

«En el amor no hay temor, sino que el amor perfecto echa fuera el temor. El que teme espera el castigo, así que no ha sido perfeccionado en el amor».

1 Juan 4:18

Cuando el temor se apodera de nosotros, hace falta volver a la verdad bíblica.

«... Dios ha dicho: "Nunca los dejaré; jamás los abandonaré". Así que podemos decir con toda confianza: "El Señor es quien me ayuda, no tengo miedo;...". (Hebreos 13:5-6).

«En el amor no hay temor, sino que el amor perfecto echa fuera el temor». (1 Juan 4:18a).

El amor de Dios es mucho más fuerte que nuestros temores. Independientemente de cómo nos sintamos, esa es la verdad. Podemos vivir en la gracia de Dios o vivir con temor.

PAUSA PARA LA REFLEXIÓN 1

1. ¿Qué temores malsanos has visto operar en tu vida o en la de otros? ¿Cómo sabes que eran temores malsanos y no temores legítimos?

2. «En el amor no hay temor, sino que el amor perfecto echa fuera el temor». (1 Juan 4:18a). ¿Cómo crees que esto podría ponerse en práctica?

> CÓMO SUPERAR LOS MIEDOS MALSANOS

«Pues Dios no nos ha dado un espíritu de timidez, sino de poder, de amor y de dominio propio». (2 Timoteo 1:7)

Este versículo nos habla de tres dones de gracia en particular que nos permiten asestar un golpe mortal a los temores malsanos.

Fíjate que el versículo habla en tiempo pasado. Ya tenemos esas cosas. Solo tenemos que aprender a usarlas.

> EL PODER

«Pido también que les sean iluminados los ojos del corazón para que sepan a qué esperanza él los ha llamado, cuál es la riqueza de su gloriosa herencia entre pueblo santo, y cuán incomparable es la grandeza de su **poder** a favor de los que creemos». (Efesios 1:18-19a, énfasis añadido).

Pablo no ora para que ellos *reciban* ese poder, sino para que *conozcan* el poder que ya tienen. Él continúa diciendo: «Ese poder es la fuerza grandiosa y eficaz que Dios ejerció en Cristo cuando lo resucitó de entre los muertos y lo sentó a su derecha en las regiones celestiales, muy por encima de todo gobierno y autoridad, poder y dominio, y de cualquier otro nombre que se invoque, no solo en este mundo, sino también en el venidero». (Efesios 1:19b-21).

Está claro que habla de poder espiritual porque menciona la posición de Cristo en las regiones celestiales, muy por encima de todos los demás poderes y autoridades, es decir, de los poderes demoníacos.

Es el mismo poder que resucitó a Cristo de entre los muertos, y tú ya lo tienes —sencillamente por estar en Cristo.

Cuando el enemigo planta pensamientos de temor en tu mente, puedes usar el poder que Dios te ha dado al decir: «Jesús es mi Señor, y le digo a todo enemigo de Cristo que se vaya ahora». O puedes declarar una verdad de la Biblia.

> EL AMOR

«En el amor no hay temor, sino que el amor perfecto echa fuera el temor. El que teme espera el castigo, así que no ha sido perfeccionado en el amor» (1 Juan 4:18).

Si todavía esperas que Dios te castigue, o crees que le has decepcionado, o que dejará de amarte, entonces te será imposible confiar plenamente en él. Como resultado, te ves obligado a recurrir a tus intentos de lidiar con tus temores.

Pero si recuerdas quién eres, un hijo amado de Dios, y que «Por lo tanto, ya no hay ninguna condenación para los que están en Cristo Jesús,» (Romanos 8:1), se anula el temor de su castigo.

> EL DOMINIO PROPIO

«Dominio propio» a veces se traduce como «autodisciplina» o «buen juicio».

El temor distorsiona la verdad. Todo temor malsano se basa en una mentira. De modo que ejercer el dominio propio implica —nuevamente— volver a las verdades bíblicas y tomar la decisión de ver las cosas como Dios las ve. En otras palabras, verlas tal y como son de verdad.

Dios le dijo a Josué que no se apartara de su Ley ni a derecha ni a izquierda, para que tuviera éxito dondequiera que fuera. A nosotros nos pasa lo mismo.

Para que tu vida cuente como discípulo de Jesús, eliges vivir diariamente de acuerdo con lo que Dios dice en las Escrituras. Y confías en Dios más de lo que confías en los pensamientos de temor y pánico en tu mente.

¿Cómo podemos aplicar el dominio propio a los temores malsanos?

Para que un temor sea legítimo y saludable, el objeto que tememos debe tener dos cualidades. Debe 1) estar presente y 2) tener poder.

Todos los temores malsanos provienen de creer que aquello a lo que tememos está presente y es poderoso cuando en realidad no es así.

> EL TEMOR A LA MUERTE

Apliquemos el buen juicio al temor a la muerte.

A menos que Jesús regrese primero, cada uno de nosotros va a morir, por lo que no podemos eliminar la *presencia* de la muerte. Pero ¿y qué de su *poder*?

Hebreos 2:14-15 dice que Cristo murió, «para anular, mediante la muerte, al que tiene el dominio de la muerte —es decir, al diablo—, y librar a todos los que por temor a la muerte estaban sometidos a esclavitud durante toda la vida».

Y Pablo dice que la muerte ha perdido su aguijón (1 Corintios 15:55).

Pero a pesar de que el diablo es impotente, puede *engañarnos* para que sigamos viviendo con el temor a la muerte y seamos esclavos de ese temor toda la vida, haciéndonos creer que la muerte sigue teniendo poder.

Para ser libres de la esclavitud del temor a la muerte, necesitamos *conocer* la verdad que nos hace libres: «Porque para mí el vivir es Cristo, y el morir es ganancia». (Filipenses 1:21).

Si perteneces a Jesús, cuando mueres, todo mejora. La muerte en realidad abre la puerta para estar con Cristo cara a cara y experimentar la dicha del cielo. ¡La muerte no tiene poder alguno sobre nosotros!

PAUSA PARA LA REFLEXIÓN 2

1. «Detrás de cada temor malsano hay una mentira». Lee los temores a continuación. Si alguien es propenso a uno de ellos, ¿qué mentira será que cree? Por ejemplo, una mentira para el primero de la lista podría ser «Satanás es más poderoso que yo».

   • Temor a Satanás y al poder de las tinieblas.

   • Temor al futuro.

   • Temor al rechazo.

   • Temor al fracaso.

   • Temor a la confrontación.

   • Temor a tener problemas económicos.

2. ¿Qué verdades de la Biblia puedes encontrar para cada mentira? Por ejemplo, para el primero de la lista, un buen versículo sería Santiago 4:7: «Así que sométanse a Dios. Resistan al diablo y él huirá de ustedes».

> EL TEMOR A LAS PERSONAS

«Temer a los hombres resulta una trampa, pero el que confía en el Señor sale bien librado». (Proverbios 29:25).

Apliquemos el dominio propio al temor a las personas.

> Por encima de todo... estaba Dios. El peligro de sus enemigos sí estaba presente, pero a la luz del Creador del universo, no tenía poder sobre él.

> UN EJEMPLO

Digamos que tienes temor de tu jefe porque es una persona amenazante. Pero aquí y ahora no sientes temor, ¿verdad? ¿Por qué? Porque no está aquí. Eso sí, el lunes por la mañana, ahí estará.

Cuando estás tomando un café con tus compañeros de trabajo, tampoco sientes temor, ¿verdad? No, porque está al otro lado del edificio, en su oficina. Tiene poder, pero no está presente. De hecho, es posible que quieras contarles lo que opinas del jefe. Les cuentas todo y te desahogas, pero cuando te das la vuelta lo ves, detrás de ti, con el ceño fruncido. ¡Ahora el temor es real! Tiene poder y está presente.

¿O no? Se nos dice que no temamos a las personas (Mateo 10:28). ¿Qué puedes hacer para que el jefe no te cause temor incluso cuando está presente? Debes deshacerte de una de las dos cualidades. Es un tipo grande y no puedes ignorar el hecho de que está presente. Pero ¿acaso tiene poder?

¿Qué poder real tiene sobre ti, en el peor de los casos? «Pues podría despedirme». Cierto. ¿Cómo puedes lidiar con eso? «¡Renuncio!» Bueno, no lo hagas ahora mismo, pero debes estar dispuesto a hacerlo.

Ejerce el buen juicio que Dios te ha dado; toma la decisión hoy que, pase lo que pase, siempre obedecerás a Dios por encima de otras personas y que su opinión de ti contará más que la de otras personas —y habrás eliminado su poder. Tu jefe puede estar presente, pero ya no tiene poder.

Es importante llegar al punto en el que nuestra lealtad al rey Jesús supere las otras lealtades. Incluso si la gente más cercana nos rechazase, si sabemos que hacemos lo correcto, no tendremos temor de ellos ni de su rechazo, sino que seguiremos a Jesús.

En el Salmo 56, David se pregunta «¿Qué puede hacerme un simple mortal?» (v. 11b). Y responde: «Nada». No lo escribió desde su palacio sino ¡cuando estaba en manos de sus enemigos! Había resuelto que podía enfrentarse a lo peor si caminaba en obediencia. Porque por encima de todo... estaba Dios. El peligro de sus enemigos sí estaba **presente**, pero a la luz del Creador del universo, no tenía **poder** sobre él.

> LIBRE DEL TEMOR

¿Cómo se vive libre del temor?

1. TRATA CON EL PECADO Y SUS CONSECUENCIAS

El temor apareció por primera vez justo después de que Adán y Eva se rebelaran. Dios llamó al hombre y le dijo: «—¿Dónde estás?» y la respuesta de Adán fue: «—Escuché que andabas por el jardín y tuve miedo porque estoy desnudo. Por eso me escondí». (Génesis 3:9-10).

El pecado les hizo sentir miedo por primera vez. Y el pecado sin resolver nos deja vulnerables al temor también hoy. Porque le da al enemigo un lugar de influencia en nuestra vida.

2. RECONOCE QUE DIOS ES OMNIPRESENTE Y TODOPODEROSO

«Porque todos los que son guiados por el Espíritu de Dios son hijos de Dios. Y ustedes no recibieron un espíritu que de nuevo los esclavice al miedo, sino el Espíritu que los adopta como hijos y les permite clamar: "¡Abba! ¡Padre!"». (Romanos 8:14-15).

Solo hay un temor que es saludable: el temor de Dios. Porque Dios siempre está **presente** y es **todopoderoso**.

El temor de Dios suena como si debiéramos tenerle miedo. Pero ¡nada tiene que ver! Es más bien un asombro profundo; es reconocer nuestra pequeñez frente a su infinita grandeza, es doblar rodilla voluntariamente ante nuestro Señor y Rey.

Dios es amor. Él está a nuestro favor. David puso en práctica esa verdad. Él dijo: «Busqué al Señor, y él me respondió; él me libró de todos mis temores». (Salmo 34:4).

«No temas» solo se aprende en la intimidad. Cultiva un estilo de vida de alabanza y adoración para vivir en la verdad de que el Dios de gracia y amor, el que todo lo sabe, todo lo puede y siempre está presente, está contigo y en ti.

¿Qué puede hacerte el hombre o cualquier otra cosa? ¡Nada! ¡Absolutamente nada!

3. RENUEVA TU MENTE

Como hemos visto, detrás de todo temor malsano hay una mentira. Para erradicar el temor, necesitamos identificar la mentira y reemplazarla con la verdad de las Escrituras. Eso te transformará.

Antes de finalizar *el Curso de la Gracia*, te presentaremos el *Demoledor de bastiones*, una herramienta práctica para renovar tu mente. Imagina lo diferente que sería tu vida si te libraras de todos tus temores. ¡Y puedes hacerlo!

PAUSA PARA LA REFLEXIÓN 3

Lee el Salmo 145 lentamente. Deja que las palabras penetren, tal vez quieras leerlo en diferentes versiones. Agradécele a Dios por quién es y lo que hace. Recuerda que Dios nunca cambia y que él te ama, siempre está contigo y nunca te dejará ni te abandonará.

SESIÓN **06**

SERENO

OBJETIVO

Equiparnos con principios bíblicos prácticos que nos permitan depositar nuestra ansiedad en Cristo y vivir una vida libre de preocupaciones malsanas.

VERSÍCULO CLAVE

«Depositen en él toda ansiedad, porque él cuida de ustedes».

1 Pedro 5:7

VERDAD CLAVE

Cuando conozcas a tu Padre celestial, podrás depositar toda tu ansiedad en él.

CONECTA

Comparte una foto reciente de tu teléfono móvil o una memoria que te haga sonreír.

«Al Señor he puesto continuamente delante de mí; Porque está a mi diestra, permaneceré firme». (Salmo 16:8 NBLA). En tiempos de incertidumbre, ¿qué cualidad del carácter de Dios te da esperanza?

Si observaste el vídeo introductorio de *La Maravilla de la Gracia* para esta sesión, ¿qué fue lo que más te llamó la atención?

¿Hubo algo en *Perlas diarias de gracia* de YouVersion que te hiciera pensar?

ORACIÓN Y DECLARACIÓN

Querido Padre celestial, tu palabra nos dice que no nos preocupemos por el mañana (Mateo 6:34) ni por nada en absoluto (Filipenses 4:6). Gracias porque al vivir en tu gracia evitamos ser víctimas de todo pensamiento ansioso, independientemente de nuestras circunstancias. Por favor, enséñanos a depositar toda ansiedad en ti, y a asimilar profundamente que tú cuidas de nosotros (1 Pedro 5:6-7). Queremos conocerte tal y como eres de verdad. Amén.

RECONOZCO QUE SATANÁS INTENTA GENERAR ANSIEDAD EN MI Y EXPLOTAR LA DIVISIÓN MENTAL QUE ESO CAUSA. PERO ELIJO LA VERDAD DE LAS ESCRITURAS, QUE ME DICEN QUE NO ME PREOCUPE POR NADA, MÁS BIEN, CON ORACIÓN, RUEGO Y ACCIÓN DE GRACIAS, PRESENTO MIS PETICIONES A DIOS (FILIPENSES 4:6). ME SOMETO A DIOS, RESISTO A SATANÁS Y ELIJO PENSAR EN TODO LO VERDADERO, RESPETABLE, JUSTO, PURO, AMABLE, DIGNO DE ADMIRACIÓN, LO QUE SEA EXCELENTE O MEREZCA ELOGIO, SEGURO QUE EL DIOS DE PAZ ESTARÁ CONMIGO (FILIPENSES 4:8).

PALABRA

¿QUÉ ES LA ANSIEDAD?

El temor tiene un objeto definido —tenemos miedo de algo en particular—, pero la ansiedad no lo tiene. La ansiedad surge de una incertidumbre general sobre el futuro.

Definimos la ansiedad como «malestar que proviene de una preocupación desmesurada sobre algo incierto».

Fíjate que proviene de una preocupación desmesurada. Es normal y apropiado sentirse nervioso antes de un examen o cuando estás a punto de subirte a un avión. Esa ansiedad surge por una situación en particular, pero se desvanece cuando ésta termina. Aquí no trataremos ese tipo de ansiedad. Nos centraremos en la ansiedad habitual y prolongada.

Jesús dijo sin rodeos: «No se preocupen por el mañana» (Mateo 6:34) y Pablo dice claramente: «No se preocupen por nada» (Filipenses 4:6). No nos pedirían que hiciéramos algo de lo cual no somos capaces.

Quizá te suene demasiado simplista. Después de todo, la ansiedad puede tener causas complejas como el estrés o los traumas del pasado. Pero no te desconectes. Veremos cómo el vivir en la gracia de Dios puede evitar que quedemos a la merced de los pensamientos ansiosos, sin importar las circunstancias que nos afecten.

> HUMÍLLATE

«Humíllense, pues, bajo la poderosa mano de Dios para que él los exalte a su debido tiempo. Depositen en él toda ansiedad, porque él cuida de ustedes». (1 Pedro 5:6-7).

¿Tiene Dios una mano poderosa? ¡Sí! Él es todopoderoso.

¿Se preocupa por ti? ¡Sí! Él *es* amor. Él tiene buenos planes para ti. Él te exaltará a su debido tiempo.

Humillarse ante Dios implica sencillamente tomar la decisión de creer que todo eso es verdad y entonces obrar en consecuencia.

> ADOPTA EL OBJETIVO DE DIOS PARA TU VIDA

Parte de humillarte ante Dios es tomar la decisión de alinear tus principales objetivos de vida con su objetivo para ti.

¿Qué esperas lograr algún día? ¿Éxito profesional? ¿Casarte y tener hijos? ¿Ver que tus hijos culminen una carrera o logren ciertas cosas? ¿Tener un ministerio cristiano próspero?

Esas cosas son buenas. Pero no hay seguridad de que vayan a suceder. Dependen de otras personas o circunstancias que no están bajo tu control directo. Y eso significa que siempre serán metas inciertas. Si te enfocas en ellas, sufrirás ansiedad.

El objetivo de Dios para nosotros tiene poco que ver con lo que *hacemos* o *logramos*, y mucho que ver con lo que *somos*.

Se trata de nuestro corazón: volvernos más amorosos, amables, pacientes, etcétera.

El objetivo de Dios para nosotros es parecernos cada vez más a Jesús en nuestro ser interior.

¿Qué o quién puede evitar que eso suceda? ¡Nada ni nadie! Se elimina la incertidumbre, y por lo tanto, la ansiedad.

¿Qué pasa si alguien me ataca injustamente o se interpone en mi camino? ¿Y si enfermo gravemente? ¿O mi negocio fracasa? Ninguna de esas cosas puede impedir que te parezcas cada vez más a Jesús. De hecho, si confías en Dios y perseveras en las dificultades, te *ayudarán* a parecerte cada vez más a Jesús.

> DECÍDETE

Santiago describe a alguien que, ante la incertidumbre y las circunstancias que le causan ansiedad, pide sabiduría a Dios, pero luego, en vez de perseverar en las dificultades, duda de Dios y se apoya en su propia inteligencia. Él dice: «su lealtad está dividida entre Dios y el mundo, y son inestables en todo lo que hacen». (Santiago 1:8 NTV).

La palabra griega para *ansiedad* en el Nuevo Testamento es una combinación de dos palabras que significan «dividir» y «mente». «Ansiedad» significaba literalmente tener la mente dividida (ser de doble ánimo), ni aquí ni allá.

A menos que hayas tomado la decisión definitiva de confiar en Dios y seguir sus caminos, pase lo que pase, siempre estarás dividido y, por lo tanto, te sentirás inestable y ansioso.

PAUSA PARA LA REFLEXIÓN 1

1. Comparte una ocasión en la que la ansiedad te haya dividido y te haya causado inestabilidad en tu caminar con Dios.

2. ¿Cómo crees que se puede practicar esto de «humíllense pues bajo la poderosa mano de Dios» cuando te enfrentas a la ansiedad?

> CÓMO RESOLVER LA ANSIEDAD

"

> Satanás intenta generar ansiedad en nosotros y explotar la división mental que eso causa.

"

«Humíllense, pues, bajo la poderosa mano de Dios para que él los exalte a su debido tiempo. Depositen en él toda ansiedad, porque él cuida de ustedes». (1 Pedro 5:6-7).

«Sean de espíritu sobrio, estén alerta. Su adversario, el diablo, anda al acecho como león rugiente, buscando a quien devorar. Pero resístanlo firmes en la fe, sabiendo que las mismas experiencias de sufrimiento se van cumpliendo en sus hermanos en todo el mundo». (1 Pedro 5:8-9 NBLA).

Puede que conozcas bien ambos pasajes. Pero ¿sabías que en realidad son un pasaje y que el segundo sigue inmediatamente al primero? En otras palabras, son parte de un mismo argumento.

Resulta que nosotros y nuestras circunstancias no somos los únicos protagonistas en la batalla contra la ansiedad. Satanás hace todo lo posible para llevarnos a la ansiedad y al doble ánimo.

Al final de este curso, pasarás por *los Pasos para experimentar la gracia de Dios*, una sesión práctica que reconoce la realidad de la batalla espiritual en la que estamos sumergidos y que te ayudará a lidiar con aquello que te impide experimentar y vivir en la gracia de Dios.

El sexto paso en el proceso se llama «Cambiar la ansiedad por la paz de Dios», y los principios bíblicos detrás de ese paso se describen a continuación. Una vez que los conozcas, puedes usarlos cada vez que sientas que la ansiedad quiere apoderarse de ti.

1. ORA

«No se preocupen por nada; más bien, en toda ocasión, con oración y ruego, presenten sus peticiones a Dios y denle gracias». (Filipenses 4:6).

La oración enfoca tu mente en Dios, en quien es él y en su amor. Traslada la atención de nuestra ansiedad a Dios que cuida de nosotros.

Y cuando ores, no te olvides de dar gracias. La acción de dar gracias enfoca tu atención en lo que Dios ha hecho en el pasado y en lo que está haciendo en tu situación actual.

2. IDENTIFICA EL PROBLEMA

Cuando estamos ansiosos, nos cuesta ver el asunto en perspectiva. La preocupación en sí misma nos afecta más de lo que imaginamos que podría suceder en el peor de los casos.

Un problema bien planteado está a medio camino de ser resuelto. Aclarar el problema y ponerlo en perspectiva puede traernos un gran alivio.

Esta situación en particular que te hace sentir inseguro ¿importará para la eternidad?

3. CONCÉNTRATE EN LOS HECHOS Y RECHAZA LAS SUPOSICIONES

Estamos ansiosos porque no sabemos lo que va a pasar. Y como no sabemos, solemos crear suposiciones.

A menudo nuestra mente salta al peor resultado posible y, sin darnos cuenta, ¡nos hemos convencido de que eso es lo que va a suceder! En la gran mayoría de los casos no ocurre lo peor. Así que cíñete a los hechos de la situación

4. DETERMINA TU RESPONSABILIDAD

Ejercítate en oración delante de **Dios** por la situación que te está causando ansiedad:

- ¿Cuál es tu responsabilidad?
- ¿Cuál es la responsabilidad de **Dios**?
- ¿Y cuál es la responsabilidad de los **demás**?

El principio clave es que solo eres responsable de aquello que tienes el **derecho** y la **capacidad** de controlar. No eres responsable de lo demás. En general, Dios te ha dado el derecho y la capacidad de controlar asuntos en tu propia vida. Y si no estás viviendo responsablemente, ¡es normal y apropiado que te sientas ansioso!

Una vez que hayas determinado qué es tu responsabilidad, cumple con ella. No te limites a orar por ella. Puedes depositar tus ansiedades sobre Jesús, pero si intentas echar tus responsabilidades sobre él, ¡él te las devolverá!

Una vez que has cumplido con tu responsabilidad, puedes depositar tu ansiedad sobre él con confianza, diciendo: «Ahora depende de ti, Dios».

Puedes estar seguro de que él hará su parte. Así que, déjalo en sus manos. No lo vuelvas a recoger.

> AYUDAS PRÁCTICAS

Hay ciertos pasos sencillos y prácticos que todos podemos tomar para que nuestro cuerpo se calme y para enfocarnos mejor en Dios, lo cual reducirá de forma natural nuestra ansiedad.

- Sal al aire libre y disfruta de la belleza de la creación de Dios.
- Haz ejercicio físico con regularidad, si puedes.
- Controla tu uso de teléfonos móviles, tabletas y otros dispositivos. Pasar constantemente de una cosa a otra nos da la sensación de realizar

múltiples tareas y desestresarnos, pero en realidad destruye nuestra capacidad de concentración y aumenta la ansiedad.

Ver «Consejos para combatir la ansiedad» en la página 79.

> EMPÁPATE DE AGRADECIMIENTO

«Por último, hermanos, consideren bien todo lo verdadero, todo lo respetable, todo lo justo, todo lo puro, todo lo amable, todo lo digno de admiración, en fin, todo lo que sea excelente o merezca elogio. Pongan en práctica lo que de mí han aprendido, recibido y oído, además de lo que han visto en mí y el Dios de paz estará con ustedes». (Filipenses 4:8-9).

Pablo nos invita a tomar una decisión consciente sobre el enfoque de nuestra mente. No se trata «del poder del pensamiento positivo». Es mucho mejor que eso. Nos enfocamos en la verdad. Nos empapamos de acción de gracias. Para permitir que nuestro corazón se tranquilice, se serene.

La alabanza y la adoración nos recuerdan que Dios está presente, que es real y que está a nuestro favor. ¡Son un antídoto eficaz contra la ansiedad!

Cuando pensamos en lo que es verdadero, bello, justo y digno de admiración, tenemos la maravillosa promesa: ¡Que el Dios de paz *estará* con nosotros!

Ver «Empápate de agradecimiento» en la página 80.

PAUSA PARA LA REFLEXIÓN 2

1. **Cuéntanos, ¿cuándo has visto que la oración con acción de gracias combaten la ansiedad?**

2. **¿Qué medidas prácticas de esta sección te gustaría implementar? Comparte cuáles consejos prácticos has aprendido para superar la ansiedad.**

> CONOCE A DIOS TAL Y COMO ES

"

> Si quieres que la verdad te haga libre,
> debes conocer la verdad.

"

La razón por la que puedes depositar tu ansiedad en Dios es porque él cuida de ti. Él es el Dios de la gracia. Él *es* real, *es* fuerte y *es* amor.

Pero si dudas de que realmente cuida de ti, puede que le lleves una preocupación y le pidas ayuda, pero luego la recogerás e intentarás resolverla tú mismo.

Si quieres que la verdad te haga libre, debes *conocer* la verdad. Jesús dijo: «Yo *soy*... la verdad ...». (Juan 14:6). La verdad no es solamente un concepto, es una persona. Y tienes que conocer a esa persona.

Lo que lo dificulta es que el mundo y el diablo pintan caricaturas de Dios que nos impiden conocerlo tal y como es.

La experiencia con nuestros padres y otras figuras de autoridad también moldean nuestra visión del Padre celestial. Por lo tanto, hace falta desechar nuestras imágenes distorsionadas si queremos conocer a Dios tal y como es.

Tal vez por tu experiencia has llegado a creer que Dios es injusto. O que es malo o incluso cruel. Tal vez sientas que Dios es difícil de complacer.

Lee (en voz alta, si puedes) las poderosas declaraciones de «Mi Padre Dios» que se encuentran en las páginas 81–82.

¿Se te hace un nudo en la garganta al leer alguna de ellas? Llévasela a Jesús.

Si te das cuenta de que has tenido una comprensión defectuosa de Dios, lee esta lista en voz alta todos los días durante unas seis semanas. Verás el bien que te va a hacer.

PAUSA PARA LA REFLEXIÓN 3

¿Qué verdad sobre tu Padre Dios te impactó más? ¿Cómo han afectado tu concepto de Dios las experiencias con tu padre? Pídele a Dios que te muestre dónde estaba en esos momentos en los que no te pareció bueno y compasivo, o cuando te pareció ausente o distante, y espera su respuesta. Agradécele por quién es y por ser un Padre perfecto.

CONSEJOS PARA COMBATIR LA ANSIEDAD

La ansiedad se combate principalmente mediante los principios bíblicos descritos en esta sesión, pero hay otras cosas que también pueden servir. Dios diseñó nuestros cuerpos de modo increíble e incorporó mecanismos para contrarrestar la ansiedad. Puede que inconscientemente te masajees los brazos o te frotes la cara —estas prácticas sencillas ayudan a calmar tu cuerpo.

También puedes practicar lo siguiente:

- Respiración abdominal —lenta y profunda. Eso desactiva la respuesta de lucha o huida.
- Inhala contando hasta cuatro, deja que tu diafragma se expanda, contén la respiración contando hasta cuatro, exhala contando hasta cuatro. Repite un versículo de la Biblia, como el Salmo 56:3, «"Cuando siento miedo, pongo en ti mi confianza». Haz una pausa y cuenta hasta cuatro. Repite tres veces.
- Puedes repetir un nombre de Dios como «Señor Jesús» al inhalar, y orar un versículo bíblico al exhalar. Por ejemplo, «Me quedo quieto y reconozco que tú eres Dios» (ver Salmo 46:10a).

O puedes repetir una frase sencilla, como: «Inhalo tu paz. Exhalo alabanza».

Adora continuamente, tal y como nos exhortan las Escrituras: «¡Vengan, cantemos con júbilo al Señor; aclamemos alegres a la Roca de nuestra salvación! Lleguemos ante él con acción de gracias; aclamémoslo con cánticos... ¡Vengan, postrémonos reverentes! ¡Doblemos la rodilla ante el Señor nuestro Hacedor!

Porque él es nuestro Dios y nosotros somos el pueblo de su prado; somos un rebaño bajo su cuidado». (Salmo 95:1-2,6-7a). El Dr. Richard Smith, director del Instituto de Neurociencia de *Mercy Hospital*, descubrió que la adoración participativa provoca una disminución de la presión arterial, un pulso más lento y una reducción de la ira y la depresión[1].

Tensa y luego relaja los grupos musculares desde la cabeza hasta los dedos de los pies. Puedes hacerlo discretamente cuando surge una situación difícil.

Intenta bostezar. Bostezar le comunica a tu cuerpo que es hora de calmarse y descansar. Gira la cabeza hacia la izquierda, bosteza, y luego hacia la derecha y bosteza. Como resultado, fluye más oxígeno al cerebro. Un artículo lo llamó la «forma más rápida de hackear el estrés mental y concentrarse»[2].

Ríe y juega. «El corazón alegre es un buen remedio, ...» (Proverbios 17:22). En Proverbios 8:31, vemos a Dios regocijándose en su creación y deleitándose en los seres humanos que creó. En *John Gill's Exposition of the Bible* leemos que la palabra escogida indica que «era una especie de deporte o juego para él». En otras palabras, jugar es bueno, porque Dios es el autor del juego.

El ejercicio físico hace maravillas. El ejercicio intenso libera endorfinas, que alivian el dolor y crean una sensación de bienestar. Caminar a un ritmo pausado nos da tiempo para disfrutar de la belleza de Dios en la creación.

---

1. De su charla «Praise, Worship, Thanksgiving and Brain Neurotransmitters».

2. Josiah Hultgren, «Yawning is The Fastest Way to Hack Mental Stress and Focus», 20 de junio de 2016, Medium.com, consultado el 20 de noviembre de 2023, https://medium.com/mindfullyalive/yawning-is-the-fastest-way-to-hack-mental-stress-and-focus-f693edc9f55e.

EMPÁPATE DE AGRADECIMIENTO

Practicar el agradecimiento constante hacia Dios, por sus atributos, su amor y sus obras, es transformativo. ¡Creceremos en asombro y maravilla ante Dios, lo que la Biblia llama «temor de Dios» —y no temeremos a nada ni a nadie en absoluto! (Ver Salmo 130:4).

No se trata de hacer una lista de todo aquello por lo que estás agradecido, sino de pasar tiempo con él y, como Pablo describe en Filipenses 4:8-9, meditar en «todo lo verdadero, todo lo respetable, todo lo justo, todo lo puro, todo lo amable, todo lo digno de admiración...».

Recomendamos el siguiente ejercicio para desarrollar un estilo de vida de alabanza y adoración que surge del agradecimiento. ¡Puede que te cambie la vida!

ACÉRCATE

«Entren por sus puertas con acción de gracias; vengan a sus atrios con himnos de alabanza». (Salmo 100:4). **Acércate** a la presencia de Dios con acción de gracias y alabanza.

MEDITA Y EMPÁPATE

Medita en estas cosas. **Empápate** de gratitud. Cuéntale a Dios con detalle lo que notas, te gusta y aprecias de él o de sus obras. ¿Cómo te sentiste físicamente al agradecerle? Permite que suavice tu corazón.

PRACTICA

Practica la meditación, ¡porque definitivamente requiere práctica! Y tenemos la maravillosa promesa de Dios: ¡el Dios de paz estará contigo! Así que hazlo regularmente. Puede que quieras crear **un archivo o una caja de gratitud**, donde guardas recuerdos de agradecimiento a Dios. Los archivos sirven para encontrar y recordar fácilmente. Estos recuerdos te ayudarán a escoger confiar en Dios, que es la Verdad, cuando las circunstancias te inciten a dudar de él.

ESCUCHA SU VOZ

Practicar el agradecimiento a Dios nos permite escuchar su voz. El Salmo 95 comienza diciendo: «¡Vengan, cantemos con júbilo al Señor; aclamemos alegres a la Roca de nuestra salvación! Lleguemos ante él con acción de gracias; aclamémoslo con cánticos» (vv. 1-2). Luego continúa diciendo: «Si ustedes oyen hoy su voz, no endurezcan sus corazones, ...» (vv. 7b-8). Empáparte de gratitud, prepara el camino para escuchar la voz de Dios, así que **mantente atento a su voz**.

MI DIOS PADRE

Renuncio a la mentira que dice que tú, Dios Padre, eres distante e indiferente hacia mí.

Decido creer la verdad de que tú, Dios Padre, siempre estás presente conmigo, tienes planes para darme un futuro y una esperanza, y has preparado obras para que yo ande en ellas.

(Salmo 139:1-18; Mateo 28:20, Jeremías 29:11, Efesios 2:10).

Renuncio a la mentira que dice que tú, Dios Padre, eres insensible, no me conoces ni te preocupas por mí.

Decido creer la verdad de que tú, Dios Padre, eres amable, compasivo y conoces cada detalle de mí.

(Salmo 103:8-14; 1 Juan 3:1-3; Hebreos 4:12-13).

Renuncio a la mentira que dice que tú, Dios Padre, eres severo y exigente.

Decido creer la verdad de que tú, Dios Padre, me aceptas con gozo y amor.

(Romanos 15:7; Sofonías 3:17).

Renuncio a la mentira que dice que tú, Dios Padre, eres frío y pasivo conmigo.

Decido creer la verdad de que tú, Dios Padre, eres cariñoso y tierno conmigo.

(Isaías 40:11; Oseas 11:3-4).

Decido creer la verdad de que tú, Dios Padre, siempre estás presente, anhelas estar conmigo y te interesas por mí.

Renuncio a la mentira que dice que tú, Dios Padre, estás ausente o demasiado ocupado para mí.

(Filipenses 1:6; Hebreos 13:5).

Decido creer la verdad de que tú, Dios Padre, eres paciente y lento para la ira y que, cuando me disciplinas, es una prueba de tu amor, no de rechazo.

Renuncio a la mentira que dice que tú, Dios Padre, eres impaciente, estás enojado conmigo, o me has rechazado.

(Éxodo 34:6; Romanos 2:4; Hebreos 12:5-11).

Renuncio a la mentira que dice que tú, Dios Padre, has sido mezquino, cruel o abusivo conmigo.

Decido creer la verdad de que Satanás es mezquino, cruel y abusivo, pero tú, Dios Padre, eres amoroso, tierno y protector.

(Salmo 18:2; Mateo 11:28-30; Efesios 6:10-18).

Renuncio a la mentira que dice que tú, Dios Padre, me niegas los placeres de la vida.

Decido creer la verdad de que tú, Dios Padre, eres el autor de la vida y me das amor, alegría y paz cuando elijo ser lleno de tu Espíritu.

(Lamentaciones 3:22-23; Gálatas 5: 22-24).

Renuncio a la mentira que dice que tú, Dios Padre, intentas controlarme y manipularme.

Decido creer la verdad de que tú, Dios Padre, me has hecho libre y me das la libertad de tomar decisiones y crecer en tu gracia.

(Gálatas 5:1; Hebreos 4:15-16).

Renuncio a la mentira que dice que tú, Dios Padre, me has condenado y ya no me perdonas.

Decido creer la verdad de que tú, Dios Padre, perdonas todos mis pecados y nunca los sacarás a relucir.

(Jeremías 31:31-34; Romanos 8:1).

Renuncio a la mentira que dice que tú, Dios Padre, me rechazas cuando peco y no logro la perfección.

Decido creer la verdad de que tú, Dios Padre, eres paciente conmigo y me limpias cuando fallo.

(Proverbios 24:16; 1 Juan 1:7-2:2).

¡Soy la niña de tus ojos!

(Deuteronomio 32:9-10).

SESIÓN **07**

FRUCTÍFERO

OBJETIVO

Ayudarnos a dar cada vez más fruto como discípulos de Jesús al descansar en Dios, confiar en sus caminos y ofrecer todo nuestro ser a él como sacrificio vivo.

VERSÍCULO CLAVE

«Yo soy la vid y ustedes son las ramas. El que permanece en mí, como yo en él, dará mucho fruto; separados de mí no pueden ustedes hacer nada».

Juan 15:5

VERDAD CLAVE

Si queremos dar mucho fruto, nuestro enfoque no debe ser dar fruto, sino permanecer junto a Jesús y humillarnos para vivir en los caminos de Dios tal y como nos lo revelan las Escrituras.

CONECTA

Se dice que algunas personas tienen «buena mano» por su éxito con las plantas. ¿Cuál es tu trayectoria en este ámbito?

En Juan 15, Jesús se compara con una vid, y a nosotros con las ramas de esa vid. También dice que Dios Padre es el labrador, ¿cómo te anima saber eso?

Si observaste el vídeo introductorio de *La Maravilla de la Gracia* para esta sesión, ¿qué te llamó la atención?

¿Hubo algo en *Perlas diarias de gracia* de YouVersion que te hiciera pensar?

ORACIÓN Y DECLARACIÓN

Padre nuestro, ¡venga tu Reino! ¡Hágase tu voluntad! Me arrepiento por intentar llevar a cabo los propósitos de tu Reino por mi propio esfuerzo. Por favor, enséñame a depender del poder de tu vida dentro de mí. Deseo vivir en el «reposo de la gracia», confiar en ti con todo mi corazón y no apoyarme en mi propia inteligencia, someterme a ti, sabiendo que enderezarás mis caminos (Proverbios 3:5-6). Sé que ninguna disciplina parece agradable, sino dolorosa; sin embargo, a aquellos que han sido entrenados por ella, después produce una cosecha de justicia y paz para quienes han sido entrenados por ella. (Hebreos 12:5-6,11). Amén.

YO SOY UNA RAMA DE LA VID VERDADERA, JESÚS; SOY UN CONDUCTO DE SU VIDA. ELIJO PERMANECER EN ÉL PARA PODER DAR MUCHO FRUTO. NADIE PUEDE ARREBATARME DE SUS MANOS. SOY LIBRE DEL PODER DEL PECADO, DEL PODER DE SATANÁS Y DEL PODER DE LA MUERTE. SOY LIBRE PARA TOMAR BUENAS DECISIONES. ELIJO DEJAR TODO A LOS PIES DE DIOS —MI SALUD, MIS PLANES, MI DINERO, MI FAMILIA, MI MINISTERIO Y MI FUTURO. ELIJO RECONOCER A JESÚS COMO MI REY— Y COMO MI VIDA.

PALABRA

CÓMO DAR FRUTO

«Yo soy la vid verdadera y mi Padre es el labrador. Toda rama que en mí no da fruto la corta; pero toda rama que da fruto la poda para que dé más fruto todavía. Ustedes ya están limpios por la palabra que les he comunicado. Permanezcan en mí y yo permaneceré en ustedes. Así como ninguna rama puede dar fruto por sí misma, sino que tiene que permanecer en la vid, así tampoco ustedes pueden dar fruto si no permanecen en mí. «Yo soy la vid y ustedes son las ramas. El que permanece en mí, como yo en él, dará mucho fruto; separados de mí no pueden ustedes hacer nada». (Juan 15:1-5).

¿Cuál es la única responsabilidad de una rama? Quizá diríamos que es dar fruto, pero es algo más básico. Jesús dice que es permanecer en la vid. Si lo hace, dará fruto de manera natural.

Nuestra responsabilidad es «permanecer» en Jesús, permanecer conectados a él, mantenernos cerca de él. Esa es la clave para entrar en una vida de «reposo en la gracia» donde, paradójicamente, daremos mucho fruto.

«Entonces Jesús afirmó: —Les aseguro que el Hijo no puede hacer nada por su propia cuenta, sino solamente lo que ve que su Padre hace, porque cualquier cosa que hace el Padre, la hace también el Hijo» (Juan 5:19).

A pesar de que Jesús era Dios, jamás obraba independientemente desde su divinidad. Así nos dio el ejemplo de cómo debemos vivir. Jesús se enfocó en permanecer unido al Padre en una relación de amor y dependencia. Veía lo que el Padre estaba haciendo y se sumaba.

Si te *esfuerzas* por dar fruto, por lograr algún tipo de éxito —una posición en el ministerio u otro objetivo— no funciona, porque abandonas la confianza en la gracia de Jesús, esa certidumbre de que no puedes hacer nada apartado de él. Y entras en un sistema de desempeño ansioso basado en la Ley, donde todo depende de ti. Y tú no puedes hacerlo *todo*.

> PRINCIPIO 1: SEPARADOS DE JESÚS NO PODEMOS HACER *NADA*

Cuando pensamos que todo depende de nuestro esfuerzo, corremos el riesgo de sentirnos abrumados o terminar quemados.

Para que aprendamos la lección, a veces Dios permite que nos hundamos bajo la carga de intentar hacerlo solos. Si estás sintiendo esa presión, Jesús te hace una oferta:

«Vengan a mí todos ustedes que están cansados y agobiados; yo les daré descanso. Carguen con mi yugo y aprendan de mí, pues yo soy apacible y humilde de corazón,

y encontrarán descanso para sus almas. Porque mi yugo es suave y mi carga es liviana». (Mateo 11:28–30).

Dios nos ofrece un yugo que es suave, una carga que es liviana y descanso para nuestra alma.

Descanso no significa que nos sentamos a rascarnos la barriga. Es un descanso interno. Significa que sigues su dirección y vas a su ritmo.

CONFÍA EN DIOS, DA FRUTO

> Primero descansamos en la realidad y en la provisión de Dios, y luego trabajamos. Aprendemos a confiar en Dios, entonces damos fruto.

Cuando Dios creó el mundo, trabajó seis días y descansó el séptimo. Dios «descansó" en el sentido de que comenzó su reinado omnipotente sobre el universo, y todo estaba bien.

A Adán lo creó en el sexto día, por lo que su primer día de vida fue el día de descanso, un día de *conectar* con Dios, de *saber* que Dios se encargaba de todo y de *confiar activamente* en él.

Primero descansamos en la realidad y en la provisión de Dios, y luego trabajamos. Aprendemos a confiar en Dios, entonces damos fruto.

No basta con conocer a Jesús como Salvador, ni siquiera como Rey. Debemos darnos cuenta de que él es nuestra Vida (ver Colosenses 3:4).

Entenderlo nos permite dejar atrás la motivación falsa de orgullo que nos lleva a un rendimiento ansioso. No hace falta que intentemos controlar los eventos o a las personas. Podemos confiar en que Dios se encargará de aquello que está fuera de nuestro control. Llegamos a ver que en efecto Dios dispone todas las cosas para nuestro bien (Romanos 8:28).

PAUSA PARA LA REFLEXIÓN 1

1. Lee Juan 5:19-20. ¿De qué maneras demostró Jesús su completa dependencia del Padre?

2. ¿De qué modo cambiaría nuestra vida si dependiéramos completamente de Dios?

> PRINCIPIO 2:
EL FRUTO SOLO VIENE CUANDO NOS SOMETEMOS A DIOS Y A LO QUE ÉL DICE

Dios le reveló a Simón Pedro, uno de los discípulos, que Jesús era el Hijo de Dios. Entonces Jesús intentó explicarle que él tendría que sufrir y morir según los planes de Dios. Pero Pedro lo interrumpió y le dijo que no era posible.

Pedro acaba de entender que está cara a cara con Dios. Y en seguida le dice, al Creador del universo, que se ha equivocado. ¡Qué arrogante!

Adán cayó cuando Satanás lo persuadió de que él sabía más que Dios. Todos somos propensos al orgullo.

«Mis caminos y mis pensamientos son más altos que los de ustedes; ¡más altos que los cielos sobre la tierra!». (Isaías 55:9).

«Confía en el Señor de todo corazón y no te apoyes en tu propia inteligencia. Reconócelo en todos tus caminos y él enderezará tus sendas». (Proverbios 3:5-6).

En lugar de actuar por orgullo y confiar en nuestro propio entendimiento, nuestra cosmovisión o nuestra experiencia, debemos aprender a confiar en lo que Dios dice. Él promete que, cuando lo hagamos, él «enderezará nuestras sendas» y podremos esperar que nuestra vida sea fructífera.

> LA BIBLIA REVELA LOS CAMINOS DE DIOS

Dios ha revelado en la Biblia cómo es él, cómo ha establecido el mundo y nuestro papel en sus planes.

Satanás no quiere que la tomes en serio, o que la leas por ti mismo, o que pases tiempo con Dios cada día humillándote ante él y su palabra. Quiere hacernos pensar que sabemos más que Dios.

> «El Espíritu dice claramente que, en los últimos tiempos, algunos abandonarán la fe para seguir a inspiraciones engañosas y doctrinas diabólicas» (1 Timoteo 4:1).

Incluso las personas que afirman ser cristianas seguirán las enseñanzas de los demonios. No te sorprendas si escuchas a ciertos maestros cristianos insinuar que la Biblia no dice lo que expresa claramente.

Satanás usó la frase: «... ¿Conque Dios les dijo...?» (Génesis 3:1). Y él usa la misma táctica con nosotros.

"

Dios promete guiarte a toda verdad mediante su Espíritu.

"

Dios promete guiarte a toda verdad mediante su Espíritu. Si te acercas a las Escrituras con un espíritu humilde y enseñable, entenderás lo que él tiene que decirte.

- No te limites a escuchar a otros hablar de la Biblia o a leer resúmenes de la Biblia: léela por tu cuenta.
- Toma en serio lo que dice.
- No abras la Biblia con una idea preconcebida de lo que quieres que diga, incluso con buenas intenciones. Concéntrate en lo que de hecho dice.
- No filtres lo que lees en la Biblia a través de la teología que has aprendido —juzga lo que has aprendido a la luz de la Biblia.
- Si un pasaje no tiene sentido inmediatamente, no lo pases por alto. Persevera, pregunta, investiga y escucha hasta que entiendas por qué el Dios que es amor lo incluyó.
- Conoce la cultura para la cual fue escrito y no intentes que diga algo que los oyentes originales no pudieran haber entendido.

Dios nunca cambia. Y la verdad nunca cambia. Nuestra teología, por otro lado, es nuestro intento de entender a Dios y su verdad. A medida que crecemos como cristianos, nuestro entendimiento se desarrolla y nuestra teología puede cambiar. Siempre estaremos aprendiendo más acerca de Dios y sus caminos a medida que él nos lo revele en las Escrituras.

PAUSA PARA LA REFLEXIÓN 2

1. ¿Cómo podemos evitar el engaño en nuestro entendimiento de la Biblia?

2. ¿Cómo crees que algunas personas con buenas intenciones son tentadas a tergiversar la Biblia para que coincida con sus prejuicios y preferencias?

> PRINCIPIO 3:
PARA SER FRUCTÍFERO HAY QUE PASAR POR LA PUERTA DEL QUEBRANTO

«Toda rama que en mí no da fruto la corta; pero toda rama que da fruto la poda para que dé más fruto todavía». (Juan 15:2).

La poda es dolorosa, pero se hace a los que ya dan fruto para que den aún más. Incluso Jesús «Aunque era Hijo, mediante el sufrimiento aprendió a obedecer». (Hebreos 5:8).

Dios trabaja sin descanso para eliminar nuestro egocentrismo, nuestra autosuficiencia y nuestro orgullo.

«Ciertamente, ninguna disciplina, en el momento de recibirla, parece agradable, sino más bien dolorosa; sin embargo, después produce una cosecha de justicia y paz para quienes han sido entrenados por ella». (Hebreos 12:11).

Dios no es la causa de todas las dificultades. Pero él usará todas las dificultades para nuestro bien. Dios no desperdicia ninguna experiencia. En los momentos difíciles es cuando aprendemos a confiar en él.

Cuando Dios le dio a Pablo una situación difícil, específicamente para evitar que se volviera orgulloso, Pablo le pidió tres veces que se la quitara. Pero Dios dijo: «... "Te basta con mi gracia, pues mi poder se perfecciona en la debilidad". Por lo tanto, gustosamente presumiré más bien de mis debilidades, para que permanezca sobre mí el poder de Cristo». (2 Corintios 12:9). No estamos diciendo que debamos disfrutar de las dificultades. Pero no asumamos que debemos orar para que desaparezcan.

"Señor, mi corazón no es orgulloso ni son altivos mis ojos; no busco grandezas desmedidas ni proezas que excedan a mis fuerzas». (Salmo 131:1).

Este es el *rey* David, quien se ocupa justamente de «grandezas desmedidas». Toma decisiones de vida o muerte todos los días. Pero aquí reconoce que, si creyera que puede hacerlo en sus propias fuerzas, sería orgullo de su parte.

Luego dice: «... He calmado y aquietado mis ansias. Soy como un niño recién amamantado en el regazo de su madre». (Salmos 131:2).

En la profundidad de nuestro ser hay algo que llora, una inquietud, como la de un bebé hambriento. Puede ser por culpa, vergüenza, temor, impulsos carnales u orgullo.

Pero, al perseverar en las dificultades extremas cuando el rey Saúl lo estaba persiguiendo, David aprendió a descansar en Dios. Permitió que solo Dios bastara.

CONVIÉRTETE EN UN SACRIFICIO VIVO

«... ruego que cada uno de ustedes, en adoración espiritual, ofrezca su cuerpo como sacrificio vivo, santo y agradable a Dios». (Romanos 12:1).

La idea de colocar un animal vivo sobre un altar como sacrificio vivo es divertida —¡porque fácilmente puede levantarse y huir!

Pero piensa en las horas en las que Jesús estuvo colgado en la cruz en una agonía increíble. Cada aliento era un esfuerzo masivo y doloroso, hasta que su corazón estalló por la tensión. Literalmente, un sacrificio vivo.

Elegir convertirnos en un sacrificio vivo es la respuesta a la misericordia de Dios:

- Jesús se convirtió en un sacrificio por ti y pagó un precio inimaginable para que ahora seas declarado inocente, completamente libre de culpa.

- Jesús se hizo pecado por ti y tú te convertiste en la justicia de Dios, un santo.

- Ahora estás a salvo y seguro. Nadie puede arrebatarte de las manos de Dios. Y su amor echa fuera todo temor malsano.

- Puedes depositar toda tu ansiedad en él y estar en paz porque él cuida de ti.

- Eres verdaderamente libre. Libre del poder del pecado, del poder de Satanás y del poder de la muerte. Libre para tomar buenas decisiones.

- Solo necesitas enfocarte en permanecer en él para dar mucho fruto.

- Ahora tienes la seguridad de quién eres en Cristo —por tanto, puedes humillarte ante Dios y ante los demás. No hace falta intentar controlar eventos o personas.

- Sabes que no puedes hacer absolutamente nada en tus fuerzas, pero que Dios puede hacer cualquier cosa a través de ti.

Eres un hijo o una hija del Rey de reyes, llevas una túnica hermosa, un anillo de autoridad y unas sandalias. Y Dios te ve con ojos de puro amor y deleite.

¿Decidirás poner todo a sus pies: tu salud, tus planes, tu dinero, tu familia, tu ministerio y tu futuro? ¿Reconocerás a Jesús como tu rey y tu vida?

Puedes acercarte a Dios como el hijo menor en completa debilidad y simplemente colapsar en sus brazos. Dios correrá hacia ti y te abrazará. Él nunca te abandonará. Él nunca te llevará más allá de lo que puedas soportar en sus fuerzas.

Quizá quieras orar de esta manera:

Dios Padre amoroso,

Gracias por enviar a Jesús, quien, siendo por naturaleza Dios, no consideró el ser igual a Dios como algo a qué aferrarse. Por el contrario, se rebajó voluntariamente, tomando la naturaleza de siervo y haciéndose semejante a los seres humanos. Y al manifestarse como hombre, se humilló a sí mismo y se hizo obediente hasta la muerte, ¡y muerte de cruz!

Elijo ahora mismo confiar en ti de todo corazón. Me niego a confiar en mi propio entendimiento. Me someto a ti en todas mis sendas, en cada parte de mi vida. Gracias por enderezar mis sendas.

Gracias por la Biblia, tu palabra clara para nosotros. Ayúdame a entenderla en su maravillosa plenitud cuando me acerco con un corazón abierto, listo para escuchar tu instrucción, ánimo y corrección. Me niego a diluir tu palabra, pasarla por alto, o forzarla para que diga lo que creo que debería decir. Gracias porque tu Espíritu Santo me guiará a toda verdad.

Por favor, ayúdame a identificar las mentiras profundamente arraigadas que he creído y a reemplazarlas con la verdad para poder ser transformado por la renovación de mi mente.

Como respuesta a tu gracia, elijo aquí y ahora ofrecerte mi cuerpo y todo lo que soy como un sacrificio vivo, santo y agradable a ti. Esta es mi adoración verdadera y espiritual.

Te adoro. Amén.

Dios no es la causa de todas las dificultades que has experimentado en tu vida, pero sí promete usarlas para tu bien. En este tiempo, recuerda los momentos difíciles de tu vida y pídele a Dios que te muestre cómo estaba obrando en ellos. ¿Qué fruto puedes ver en tu corazón o en tu vida gracias a esas experiencias?

Pablo dijo que podías regocijarte «... en debilidades, insultos, privaciones, persecuciones y dificultades que sufro...». (2 Corintios 12:10). ¿Crees que lo decía en serio? Dile a Dios cómo te sientes al saber que para ser fructífero hay que pasar por la puerta del quebranto.

SESIÓN **08**

PACIFICADOR

OBJETIVO

Ayudarnos a comprender el papel crucial de la Iglesia —el cuerpo y la esposa de Cristo— en los planes de Dios y por qué es necesario un compromiso ineludible a mantener la unidad del Espíritu en el vínculo de la paz si queremos alcanzar el mundo para Cristo.

VERSÍCULO CLAVE

«De este modo todos sabrán que son mis discípulos, si se aman los unos a los otros».

Juan 13:35

VERDAD CLAVE

La unidad es clave para poder ejercer la autoridad espiritual, para discipular a las naciones, algo que Jesús nos delegó.

CONECTA

Si escribieras un libro sobre tu vida, ¿qué título le darías al siguiente capítulo?

Lee el Salmo 133:

«¡Cuán bueno y cuán agradable es que los hermanos convivan en armonía! Es como el buen aceite que, desde la cabeza, va descendiendo por la barba, por la barba de Aarón, hasta el borde de sus vestiduras. Es como el rocío de Hermón que va descendiendo sobre los montes de Sion. Ciertamente, allí el Señor envía su bendición, vida para siempre».

¿Alguna vez has visto que la unidad trae bendición?

Si observaste el vídeo introductorio de *La Maravilla de la Gracia* para esta sesión, ¿qué te llamó la atención?

¿Hubo algo en *Perlas diarias de gracia* de YouVersion que te hiciera pensar?

Querido Padre celestial, gracias por la promesa del Salmo 133, que dice que cuando convivimos en armonía, tú otorgas bendición y vida para siempre. Como hijos de Dios que vivimos desde nuestra identidad en Cristo, deseamos ser pacificadores. Por favor, ayúdanos a perdonar implacablemente y enséñanos a mantener la unidad del Espíritu mediante el vínculo de la paz. (Efesios 4:3).

EN EL NOMBRE DE JESÚS, NOS HUMILLAMOS ANTE DIOS Y ANTE NUESTROS HERMANOS Y HERMANAS EN CRISTO. NOS PLANTAMOS EN CONTRA DE TODO ENEMIGO SUYO QUE QUIERA CAUSAR DESUNIÓN O CONFUSIÓN Y LE ORDENAMOS QUE NOS DEJEN EN PAZ.

PALABRA

JESÚS NOS DELEGA AUTORIDAD ESPIRITUAL

Antes de mandarnos a ir y a hacer discípulos, Jesús comienza con un prerrequisito crucial: «— Se me ha dado toda autoridad en el cielo y en la tierra». Sobre esa base pasa a decir: *«Por tanto*, vayan y hagan discípulos...»*. (Véase Mateo 28:16-20).

En la cruz, Jesús «Desarmó a los poderes y a las autoridades y, por medio de Cristo, los humilló en público al exhibirlos en su desfile triunfal». (Colosenses 2:15). Ahora está sentado a la derecha del Padre, muy por encima de todo poder y autoridad demoníaca.

Y él nos delega esa autoridad espiritual. ¿Para qué? Concretamente para discipular a las naciones.

¿Por qué la necesitamos?

«El dios de este mundo ha cegado la mente de estos incrédulos, para que no vean la luz del glorioso evangelio de Cristo, el cual es la imagen de Dios». (2 Corintios 4:4).

Si Satanás mantiene a las personas en ceguera espiritual, simplemente anunciarles el Evangelio no va a funcionar. No son capaces de verlo. Es un problema espiritual, y lo abordamos con la autoridad espiritual sobre Satanás que Jesús nos ha delegado.

¿Cómo activamos esta autoridad?

«De este modo todos sabrán que son mis discípulos, si se *aman* los unos a los otros». (Juan 13:35, cursiva agregada).

Y lo único que Jesús escogió al orar por nosotros, los que vendríamos después de sus discípulos originales, es que todos seamos uno, así como él y el Padre son uno. ¿Para qué?

«... para que el mundo crea que tú me has enviado». (Juan 17:21).

El Salmo 133 nos dice que en la unidad «... el Señor envía bendición, vida para siempre».

Activamos esa autoridad delegada cuando nos amamos unos a otros.

La iglesia primitiva no tenía muchos recursos, pero estaba completamente unida. A miles de personas, de golpe, se les abrieron los ojos a la luz del Evangelio y respondieron.

Juntos somos el instrumento escogido por Dios para discipular a las naciones. No hay plan B.

> EL CUERPO DE CRISTO

El Nuevo Testamento nos insta continuamente a estar unidos y habla de nosotros como «el cuerpo de Cristo». Es más que una metáfora: somos la carne y hueso, los brazos y las piernas a través de los cuales Dios obra en el mundo.

Como cristianos sueltos, somos una pierna desmembrada o un solo ojo, que de nada sirve separada del cuerpo.

Nuestra definición de unidad es «una pasión compartida por Dios y por sus propósitos, tan fuerte que anula nuestras diferentes preferencias y opiniones".

Jesús dijo: «Dichosos los que trabajan por la paz, porque ellos serán llamados hijos de Dios». (Mateo 5:9). Si eres un hijo de Dios y vives desde tu identidad en Cristo, serás un pacificador.

> ENCUENTRA TU LUGAR EN EL CUERPO

Si aún no formas parte de una comunidad de fe, de una iglesia local, ¿podemos animarte a unirte a alguna?

Si no eres el líder, sigue a quienes Dios ha escogido para liderar. A menos que estén sobrepasando los límites de su autoridad o estén en pecado, es nuestro deber animarlos y apoyarlos —con todas sus fallas.

Persevera cuando surjan dificultades, porque surgirán.

Comprométete con el amor y la unidad. Satanás entiende el poder de nuestra unidad y nos tentará implacablemente a la desunión y a la desconexión. Hay un gran principio bíblico que dice: «Si es posible, y en cuanto dependa de ustedes, vivan en paz con todos». (Romanos 12:18). Debemos hacer todo lo que depende de nosotros y dejar el resto en las manos de la otra persona y de Dios.

Aprende a perdonar, implacablemente. Sí, es doloroso perdonar, pero recuerda que, aunque liberes a la persona, ella tendrá que rendir cuentas a Dios. Puedes entregar todo el dolor y las demandas de justicia y venganza a Dios, con la seguridad de que él hará justicia. Mientras tanto, puedes ser libre del rencor y del dolor, y evitar que Satanás ponga su mano en la comunidad de la iglesia. (ver Romanos 12:19).

En cuanto dependa de nosotros, hagamos todo lo posible para desatar el poder espiritual que trae la unidad en el lugar donde Dios nos ha puesto.

PAUSA PARA LA REFLEXIÓN 1

1. «Juntos somos el instrumento escogido por Dios para discipular a las naciones. No hay un plan B». ¿Esta afirmación te anima o te desanima? ¿Por qué?

2. ¿Por qué crees que Jesús escogió la unidad entre todos los temas a escoger, al orar por aquellos que vendríamos después de los primeros discípulos?

> CÓMO ACERCARNOS A LOS QUE AÚN NO CONOCEN A JESÚS

> No puedes predicar las buenas noticias
> y ser las malas noticias.

Vimos en la Sesión 3 cómo la Iglesia llegó a verse a sí misma como responsable de la moralidad de toda la nación. En lugar de sorprender a la gente con nuestro servicio de amor y mostrar que estamos a su favor, nos damos a conocer por todo aquello a lo cual nos oponemos.

No puedes predicar las buenas noticias y ser las malas noticias.

¿Acaso Dios espera que le digamos a la gente lo que hace mal?

«Por carta ya les he dicho que no se relacionen con personas inmorales. Por supuesto, no me refería a la gente inmoral de este mundo, ni a los avaros, estafadores o idólatras. En tal caso, tendrían ustedes que salir de este mundo. Pero en esta carta quiero aclararles que no deben relacionarse con nadie que, llamándose hermano, sea inmoral o avaro, idólatra, calumniador, borracho o estafador. Con tal persona ni siquiera deben juntarse para comer». (1 Corintios 5:9-11).

Los corintios habían asumido que Pablo quería decir que no debían asociarse con personas inmorales de fuera de la iglesia. Pero Pablo aclara, que cuando se trata del pecado, nuestra preocupación debe ser más bien aquellos de dentro de la iglesia que pecan persistentemente.

En Romanos 1 Pablo explica con detalle la terrible situación de quienes aún no conocen a Jesús: su pensamiento se ha vuelto inútil, sus corazones están «oscurecidos» y se entregan a la impureza, a las pasiones sexuales antinaturales, al asesinato, al engaño, al orgullo y a la crueldad (Romanos 1:18-32). Afirma que «el juicio de Dios recae justamente sobre los que practican tales cosas». (Romanos 2:2).

Luego advierte con severidad:

«Ahora bien, sabemos que el juicio de Dios contra los que practican tales cosas se basa en la verdad. ¿Piensas entonces que vas a escapar del juicio de Dios, tú que juzgas a otros y sin embargo haces lo mismo que ellos? ¿No ves que desprecias las riquezas de la bondad de Dios, de su tolerancia y de su paciencia, al no reconocer que su bondad quiere llevarte al arrepentimiento?». (Romanos 2:2-4).

Esta advertencia Pablo no la dirige a los inconversos atrapados en estas cosas. Más bien habla a los cristianos que, a pesar de haber experimentado la gracia de Dios, caen en lo mismo, y, sin embargo, condenan a los demás.

El objetivo de la bondad de Dios que habían experimentado era llevarlos al arrepentimiento, no darles libertad para seguir pecando. Es la bondad, y no la condenación, la que nos lleva al arrepentimiento.

Pero, si no señalamos el pecado del mundo, ¿no les comunicamos que lo que hacen está bien?

Jesús no señaló el pecado de Zaqueo, el recaudador de impuestos, sin embargo, él prometió devolver todo lo que había robado. Una prostituta hizo una extravagante demostración pública de arrepentimiento, aunque Jesús no había dicho una sola palabra.

Dios no quiere que juzguemos a la gente por su quebranto. Él quiere que les mostremos el camino de salida.

Toda persona debe saber que es bienvenida a nuestras iglesias, sin importar el tipo de oscuridad que esté viviendo.

> CÓMO ACERCARSE A LOS QUE SÍ CONOCEN A JESÚS

Una vez que alguien se entrega a Cristo, no lo animamos a continuar viviendo de la misma manera. Esperamos ver un cambio drástico. Jesús quiere que su Iglesia refleje la pureza y la santidad que él le ha dado.

Con los recién convertidos, no empezamos por decirles todo lo que hacen mal, más bien les enseñamos todo lo que ya son en Cristo ¡Porque lo que hacemos viene de lo que somos! Necesitan saber que ahora son santos, que son amados y que Jesús los llama a dar un fruto increíble.

También necesitan saber que cuando Dios nos prohíbe algo, no es por ser un aguafiestas. Es porque Jesús vino para liberarnos de la esclavitud del pecado.

«De una misma boca salen bendición y maldición. Hermanos míos, esto no debe ser así. ¿Puede acaso brotar de una misma fuente agua dulce y agua amarga? Hermanos míos, ¿acaso puede dar aceitunas una higuera o higos una vid? Pues tampoco una fuente de agua amarga puede dar agua dulce». (Santiago 3:10-12).

Santiago no usa palabras severas para corregir un problema de pecado. Él simplemente enfatiza que un manantial de agua dulce no produce agua amarga, no lo hace. Y una higuera no da aceitunas, por supuesto que no. Y si pierdo los estribos, me quejo o doy rienda suelta a la lujuria, estoy actuando fuera de lugar.

En el núcleo de nuestro ser ahora somos santos. Y, si todo funciona como debería, haremos aquello que hacen los santos. Así de sencillo.

Si las personas se niegan a responder a la reprensión amable, los líderes de la iglesia tendrán que ejercer disciplina con amor. No se trata de castigar a la gente. La disciplina consiste en ayudarles a no volver a cometer el mismo error. Se trata de restaurar con bondad.

PAUSA PARA LA REFLEXIÓN 2

1. ¿Cómo crees que funciona eso de que la bondad nos lleva al arrepentimiento? ¿Alguna vez lo has visto?

2. ¿De qué manera crees que enseñarles a los nuevos cristianos todo lo que ya son en Cristo les ayuda a convertirse en discípulos que dan mucho fruto?

3. ¿Cómo resumirías las diferencias entre la manera de acercarnos a los que están fuera del cuerpo de Cristo y los que están dentro?

"

La unidad nos permite ejercer nuestra autoridad espiritual para hacer discípulos.

"

> ¿QUÉ ES LA VERDADERA UNIDAD?

Pablo nos dice «"Esfuércense por mantener la unidad del Espíritu mediante el vínculo de la paz". (Efesios 4:3). No es de extrañar, porque eso es lo que nos permite ejercer nuestra autoridad espiritual para hacer discípulos.

La palabra «mantener» nos dice que, a cierto nivel, ya estamos unidos. Pero ¿con quién estamos unidos?

> Si confiesas con tu boca que: «... "Jesús es el Señor", y crees en tu corazón que Dios lo levantó de entre los muertos, serás salvo». (Romanos 10:9).

Confesar, creer. A cierto nivel, ya estamos unidos con cada una de las personas que han hecho esas dos cosas, ¡nos guste o no! Y debemos mantener esa unidad.

¿Significa que debemos estar de acuerdo sobre la doctrina? Cuando las iglesias lo creían, el resultado fue división tras división tras división dolorosa.

La buena doctrina es importante. La Biblia nos revela la palabra de Dios. La iglesia primitiva formuló declaraciones de verdad para asegurarse que las personas entendieran los elementos centrales. Una de las primeras declaraciones es 1 Corintios 15:3-5. Y es fascinante que enumera solo tres cosas clave:

- Cristo murió por nuestros pecados, según las Escrituras.
- Fue sepultado.
- Resucitó al tercer día.

Si alguien no cree en estas doctrinas *esenciales*, es difícil imaginar que conozca a Jesús. ¡Pero son solo tres!

También es bueno buscar la verdad de las Escrituras sobre asuntos menos esenciales. Pero, como hemos visto, aunque la verdad nunca cambia, nuestra comprensión de la verdad puede cambiar.

Si insistimos en que nuestra comprensión actual de una doctrina no esencial es mejor que la de otros, ya no caminamos en amor, sino en orgullo. Estamos valorando una diferencia más de lo que valoramos nuestra relación con nuestros hermanos y hermanas en Cristo.

> 100% GRACIA Y 100% VERDAD

Jesús vino a nosotros «... lleno de gracia y de verdad». (Juan 1:14). 100% gracia y 100% verdad.

Cada generación se enfrenta a grandes problemas doctrinales que desafían la unidad. Y cada vez parecen más infranqueables. Con un 100% de gracia y un 100% de verdad, Pablo abordó el tema que amenazaba la unidad de la iglesia en su tiempo —si comer o no alimentos ofrecidos a los ídolos.

Él les dice a los cristianos gentiles (en 1 Corintios 8) que está bien comer carne que ha sido ofrecida a los ídolos —esa es la *verdad*. Pero luego lo sigue con *gracia* y les dice que si lo hacen en presencia de alguien que cree que no está bien, *entonces* es pecado.

El pecado no es comer la carne, es herir la conciencia de un hermano o hermana en Cristo que tiene una comprensión diferente de un asunto secundario. La responsabilidad recae en la persona que cree tener la doctrina correcta. Y, por supuesto, todos creemos tenerla. Es importante actuar con gracia hacia quienes creen algo diferente.

A menos que de verdad hayamos asimilado la increíble gracia de Dios, es difícil dejar de lado el orgullo y el temor. El orgullo quiere que demostremos que tenemos la razón. Y el temor nos lleva a evitar a la gente de otras partes del cuerpo de Cristo.

Te invitamos a que te comprometas a mantener la unidad del Espíritu en el vínculo de la paz al hacer la «Oración por la Unidad» en la página 106.

> LA CELEBRACIÓN DE LA BODA

Apocalipsis 7:9a nos dice que, al final de los tiempos, aparecerá, «... una multitud tomada de todas las naciones, tribus, pueblos y lenguas; era tan grande que nadie podía contarla», y esa será la boda más grande de todos los tiempos.

Y al conocer a Jesús, ¡estamos invitados! Pero no somos los *invitados* a esa boda, nosotros —la Iglesia— somos la novia y nos casaremos con Jesús, el Cordero de Dios.

Como *individuos* cristianos, nos mantendremos firmes con nuestra túnica, nuestro anillo y nuestras sandalias. Pero *juntos*, como la novia de Cristo, nosotros, la Iglesia, resplandeceremos.

Y Dios confía tanto en nosotros que en Apocalipsis (19:7) pone claramente que nosotros, su novia, *nos habremos preparado*.

¡Vivamos y trabajemos juntos en la gracia que hemos recibido para prepararnos para las bodas del Cordero!

PAUSA PARA LA REFLEXIÓN 3

Pide al Espíritu Santo que te revele cuándo has tenido una actitud arrogante hacia otros cristianos.

Lee Juan 3:17 y luego pídele al Espíritu Santo que te muestre cómo has condenado a quienes aún no conocen a Jesús.

¿Cómo puedes poner tu granito de arena para ayudar a la novia de Cristo a prepararse para su regreso?

Te invitamos a terminar este tiempo con la Oración por la unidad en la página siguiente.

> ORACIÓN POR LA UNIDAD

Señor Jesús,

Nos unimos a tu oración al Padre para que tus hijos sean uno. Compartimos tu deseo de que el mundo crea que el Padre te envió. En tu palabra dices que donde hay unidad tú mandas bendición y queremos que esa bendición llegue con toda su fuerza. Queremos ser como tú, el gran Rey de reyes, que te humillaste, tomando la forma de siervo y sufriste una muerte humillante y agonizante en la cruz. Renunciamos a toda pretensión de ser justos o rectos en nuestra propia fuerza y nos humillamos ante ti.

Todo gira en torno a ti y a tu Reino, Señor, no alrededor nuestro. Elegimos humillarnos los unos ante los otros en Cristo y acercarnos no solo con la verdad sino con la gracia, tal como tú te acercas a nosotros. Elegimos considerar a los demás como superiores a nosotros mismos, y velar no solo por nuestros propios intereses, sino también por los intereses de los demás. Reconocemos que, sin amor verdadero, todo lo que hacemos no es sino un metal que resuena o un platillo que hace ruido.

Aunque nuestra doctrina y tradición cristiana sean cien por ciento correctas, sin amor no valen nada.

Señor, anhelamos mantener la unidad del Espíritu mediante el vínculo de la paz. Por lo tanto, llénanos nuevamente de tu Espíritu Santo y guíanos en amor.

Decidimos trabajar por la paz, no criticar.

Decidimos poner la relación por encima de las reglas.

Decidimos poner el amor por encima de la Ley.

Decidimos ser genuinos en lugar de aparentar ser perfectos.

Oramos en el nombre del humilde Jesús, quien ha sido exaltado al lugar más alto y cuyo nombre es sobre todo nombre. Amén.

(Basado en el Salmo 133; Juan 1:14-17; Juan 17:20-23; 1 Corintios 13; Efesios 4:1-7; Filipenses 2:1-11).

LOS PASOS PARA EXPERIMENTAR LA GRACIA DE DIOS

OBJETIVO

Pedirle al Espíritu Santo que nos revele aquellas áreas de las que debemos arrepentirnos para poder resolver nuestros conflictos personales y espirituales, eliminar las motivaciones falsas y seguir adelante con profunda gratitud por la gracia de Dios.

VERSÍCULO CLAVE

«Así que sométanse a Dios. Resistan al diablo y él huirá de ustedes».

Santiago 4:7

VERDAD CLAVE

Cristo nos ha hecho libres (Gálatas 5:1), pero no experimentamos esa libertad sin un arrepentimiento genuino.

CONECTA

La confesión (admitir que fallamos) es el primer paso del arrepentimiento, pero no basta por sí sola. Debemos someternos a Dios y también resistir al diablo. Asimismo, debemos elegir lo que creemos y cómo vivimos, y decidir cambiar. Si queremos madurar en Cristo, debemos renunciar a las mentiras que hemos creído y a todo pecado en nuestra vida, y declarar nuestra decisión de creer que lo que Dios dice es la verdad y comenzar a vivir en consecuencia.

> INTRODUCCIÓN

Este proceso tranquilo y respetuoso de oración y arrepentimiento es para todo cristiano que quiera madurar en Cristo, aprender a vivir la vida de «reposo en la gracia» y dar fruto que tiene valor eterno.

Dios Padre te extiende la invitación de regresar a «casa», tal y como lo hizo el padre de la historia del hijo perdido. *Los Pasos para experimentar la gracia de Dios* pueden servirte para afirmar tu amor por él y permitirle que te revele áreas de tu vida que necesitan atención. Si te sientes distante de Dios, si tu caminar cristiano se ha vuelto una carga pesada y sin vida, o si has perdido toda esperanza de ser libre de pecado o del temor, estos *Pasos* pueden ayudarte a asimilar quién eres y lo que tienes en Cristo para vivir en la gracia de Dios, donde encontrarás «descanso para tu alma» —¡una nueva manera de vivir!

La vida de «reposo en la gracia» puede ser así:

- Amas a Dios y a los demás porque sabes que eres amado por él, no por otra razón.
- Experimentas victoria diaria sobre la tentación como consecuencia del poder del Espíritu Santo en ti, no por el poder o esfuerzo que ejerzas tú.
- Produces fruto abundante, dando mucha gloria a Dios, al mantenerte en una relación dependiente de él que te trae descanso.

Al evaluar nuestra vida desde la perspectiva de Dios, puede ser doloroso ver cuánto nos hemos alejado de Dios Padre. Recuerda, al volver a experimentar la gracia, que Dios no requiere que te esfuerces para agradarle. Todo lo contrario, fue justamente por «trabajar como un burro» que el hijo mayor se alejó del padre.

El camino de vuelta al Padre comienza con un cambio de parecer (lo que la Biblia llama «arrepentimiento») y con el compromiso a creer la verdad (revelada en las Escrituras) de quién es Dios, de quiénes somos ahora en Cristo, y de las circunstancias en nuestra vida.

Permite que el Espíritu Santo te revele no solo las acciones, sino también las actitudes y creencias erradas que te han impedido vivir diariamente en la realidad de su gracia y dar mucho fruto que permanece. Te recomendamos que tomes nota de toda creencia falsa y mentira que descubras durante el proceso en la Lista de mentiras al final de este libro. Explicaremos cómo reemplazarlas con la verdad usando el *Demoledor de bastiones* para que puedas renovar tu mente y ser transformado (Romanos 12:2).

Nuestro intento de ganar la aceptación de Dios y de los demás por nuestro propio esfuerzo puede parecer muy espiritual desde fuera. Pero se basa en creencias que tergiversan quién es Dios y quiénes somos nosotros. Quizá no sea evidente a los demás que algo en tu interior requiere corrección, porque tu comportamiento puede asemejarse al de alguien que vive bajo la gracia. Pero **por dentro** la diferencia es abismal. Recuerda, Dios ve el corazón. ¡Gracias a Dios porque en Cristo recibimos un nuevo corazón!

Durante este proceso dependemos completamente del Espíritu Santo para guiarnos a toda verdad y así poder reclamar la libertad que Dios nos ha dado como sus hijos. En respuesta, le ofrecemos toda nuestra vida en amor y gratitud, creyendo que él «... puede hacer muchísimo más que todo lo que podamos imaginarnos o pedir, por el poder que obra eficazmente en nosotros». (Efesios 3:20).

Para comenzar, tómate un momento para recordar quién es Dios y lo que ha hecho. Alábale.

Entonces, cuando estés listo, repite en voz alta la oración y declaración a continuación.

> ORACIÓN INICIAL

Querido Padre celestial,

Gracias por amarme y porque tu Hijo murió y resucitó para que yo pudiera tener una relación cercana contigo. Quiero vivir sobre la base de tu aceptación y relacionarme contigo no solo mediante el conocimiento intelectual, sino también mediante la experiencia del corazón. Tu palabra dice que «Cristo nos libertó para que vivamos en libertad»; ayúdame a aferrarme a esa libertad hoy. A menudo no me he mantenido firme en tu nuevo pacto de gracia, más bien he permitido que el yugo de esclavitud me agobiara y desgastara. Ayúdame a aferrarme a la libertad de toda esclavitud al pecado, al temor o al desempeño. Trae a mi mente toda actitud y acción que haya impedido que yo reciba y comparta tu amor. Ayúdame a conocer la verdad para que yo sea libre para amarte a ti y a los demás tal como tú me amas. Amén.

(Oración 1.A)

> DECLARACIÓN INICIAL

En el nombre y la autoridad del Señor Jesucristo, ordeno a Satanás y a todo espíritu maligno que me suelten, a fin de que yo pueda ser libre para conocer y hacer la voluntad de Dios. Como hijo de Dios sentado con Cristo en los lugares celestiales, declaro que todo enemigo del Señor Jesucristo está obligado a guardar silencio. Declaro a Satanás y a sus huestes de maldad que no me pueden infligir dolor alguno ni impedir que la voluntad de Dios se cumpla en mi vida. Yo pertenezco a Dios y el maligno no puede tocarme. Rechazo todo temor, ansiedad, duda, confusión, engaño, distracción y toda interferencia que provenga de los enemigos del Señor Jesucristo. Elijo tomar mi lugar en Cristo. Declaro que todos sus enemigos han sido desarmados, y que Jesús vino a destruir la obra del diablo en mi vida. Declaro que Cristo rompió las cadenas de la esclavitud y que yo estoy en él. Por lo tanto, su victoria es mi victoria.

(Declaración 1.B)

PASO 1: ELIGE CREER LA VERDAD

En este primer paso declararemos algunas verdades clave de las Escrituras. Es importante que rechaces toda mentira que hayas descubierto durante el *Curso de la Gracia* y en su lugar declares y creas la verdad según la Biblia. Puede que Dios use estas afirmaciones para revelarte más creencias erróneas.

Comienza con la siguiente oración en voz alta:

Querido Padre celestial,

Tu palabra es verdadera y Jesús es la Verdad. El Espíritu Santo es el Espíritu de verdad y conocer la verdad me hará libre. Quiero conocer la verdad, creer en la verdad y vivir de acuerdo con la verdad. Por favor, revela a mi mente toda mentira que he creído sobre ti, mi Dios Padre, y sobre mí mismo. Quiero renunciar a esas mentiras y caminar en la verdad de tu gracia y tu aceptación en Cristo. En el nombre de Jesús. Amén.

(Oración 1.C)

> LA VERDAD SOBRE NUESTRO DIOS PADRE

Tener una visión equivocada de la naturaleza de Dios y de sus expectativas de nosotros será un obstáculo para una relación cercana e íntima con él. Estas declaraciones sobre tu Dios Padre te darán la oportunidad de renunciar en voz alta a las mentiras que has creído acerca de Dios, y de afirmar la verdad acerca de su naturaleza.

Te animamos a hacerlo con seguridad, especialmente aquellas verdades que te cuestan recibir hoy. Meditar en la verdad de quién es Dios es una práctica importante hacia tu libertad y sanidad en Cristo.

Declara en voz alta las siguientes declaraciones:

Renuncio a la mentira que dice que tú, Dios Padre, eres distante e indiferente hacia mí

Decido creer la verdad de que tú, Dios Padre, siempre estás presente conmigo, tienes planes para darme un futuro y una esperanza, y has preparado obras para que yo ande en ellas.

(Salmo 139:1-18; Mateo 28:20; Jeremías 29:11; Efesios 2:10).

Renuncio a la mentira que dice que tú, Dios Padre, eres insensible, no me conoces ni te preocupas por mí.

Decido creer la verdad de que tú, Dios Padre, eres amable, compasivo y conoces cada detalle de mí.

(Salmo 103:8-14; 1 Juan 3:1-3; Hebreos 4:12-13).

Renuncio a la mentira que dice que tú, Dios Padre, eres severo y exigente.

Decido creer la verdad de que tú, Dios Padre, me aceptas con gozo y amor.

(Romanos 15:7; Sofonías 3:17).

Renuncio a la mentira que dice que tú, Dios Padre, eres pasivo y frío hacia mí.

Decido creer la verdad de que tú, Dios Padre, eres cariñoso y tierno conmigo.

(Isaías 40:11; Oseas 11:3-4).

Renuncio a la mentira que dice que tú, Dios Padre, estás ausente o demasiado ocupado para mí.

Decido creer la verdad de que tú, Dios Padre, siempre estás presente, anhelas estar conmigo y te interesas por mí.

Renuncio a la mentira que dice que tú, Dios Padre, eres impaciente, estás enojado conmigo, o me has rechazado.

(Filipenses 1:6; Hebreos 13:5).

Decido creer la verdad de que tú, Dios Padre, eres paciente y lento para la ira y que, cuando me disciplinas, es una prueba de tu amor, no de rechazo.

(Éxodo 34:6; Romanos 2:4; Hebreos 12:5-11).

Renuncio a la mentira que dice que tú, Dios Padre, has sido mezquino, cruel o abusivo conmigo.

Decido creer la verdad de que Satanás es mezquino, cruel y abusivo, pero tú, Dios Padre, eres amoroso, tierno y protector.

(Salmo 18:2; Mateo 11:28-30; Efesios 6:10-18).

Renuncio a la mentira que dice que tú, Dios Padre, me niegas los placeres de la vida.

Decido creer la verdad de que tú, Dios Padre, eres el autor de la vida y me das amor, alegría y paz cuando elijo ser lleno de tu Espíritu.

(Lamentaciones 3:22-23; Gálatas 5:22-24).

Renuncio a la mentira que dice que tú, Dios Padre, intentas controlarme y manipularme.

Decido creer la verdad de que tú, Dios Padre, me has hecho libre y me das la libertad de tomar decisiones y crecer en tu gracia.

(Gálatas 5:1; Hebreos 4:15-16).

Renuncio a la mentira que dice que tú, Dios Padre, me condenas y no me perdonas.

Decido creer la verdad de que tú, Dios Padre, perdonas todos mis pecados y nunca los sacas a relucir.

(Jeremías 31:31-34; Romanos 8:1).

Renuncio a la mentira que dice que tú, Dios Padre, me rechazas cuando no logro vivir una vida perfecta o sin pecado.

Decido creer la verdad de que tú, Dios Padre, eres paciente conmigo y me limpias cuando fallo.

(Proverbios 24:16; 1 Juan 1:7-2:2).

¡SOY LA NIÑA DE TUS OJOS!

(Deuteronomio 32:9–10)

(Declaración 1.D)

Ahora revisa la lista y marca todas aquellas que te cueste creer. Puedes utilizar el *Demoledor de bastiones* descrito al final de *los Pasos* para reemplazar las mentiras con la verdad. Pero por ahora, usa la siguiente oración para afirmar las verdades que has marcado.

Querido Padre celestial,

Gracias por tu gracia y perdón. Elijo creer la(s) verdad(es) que eres _____ (enumera las verdades). Por favor, cambia la forma en la que adoro, oro, vivo y sirvo a la luz de esas verdades y lléname con tu Espíritu Santo. Amén.

(Oración 1.E)

> LA VERDAD DE QUIÉNES SOMOS EN CRISTO

El término bíblico más frecuente para referirse a quienes ahora están en Cristo es «santos». Pero a menudo creemos que Dios nos ve como «pecadores», aunque ese es el término que la Biblia utiliza para quienes no conocen a Jesús como su salvador. Ya que nos comportamos según el concepto que tenemos de nosotros mismos, es de crucial importancia que entendamos quiénes somos de acuerdo con lo que Dios dice. Recuerda, no nos hemos ganado nada —nuestra nueva identidad es un regalo de pura gracia. Pero sigue siendo la verdad.

Repite en voz alta las siguientes declaraciones.

Declaro con gozo esta verdad —estoy a salvo y seguro en Cristo:

Dios me ama tanto como ama a Jesús. (Juan 17:23).

Dios me compró con la sangre de su Hijo. (1 Corintios 6:20).

Estoy unido a Jesús como una rama a la vid. (Juan 15:5).

Las manos de Jesús y del Padre me protegen y sostienen. (Juan 10:27-30).

Soy la justicia de Dios en Cristo; en él doy la talla. (2 Corintios 5:21).

He muerto con Cristo a la esclavitud del pecado y he resucitado a una nueva vida. (Romanos 6:3-4).

He muerto a la Ley mediante el cuerpo de Cristo. (Romanos 7:4).

Cristo nunca me abandonará. (Hebreos 13:5).

Soy hechura de mi Padre, soy su «poema». (Efesios 2:10).

Declaro con gozo esta verdad —el Espíritu Santo vive en mí y él es mi fuerza:

Soy el templo del Espíritu Santo que me fue dado por mi Padre. (1 Corintios 6:19).

He sido sellado por el Espíritu que me fue dado como muestra de mi herencia en Cristo. (Efesios 1:13).

El Espíritu que me adopta como hijo me guía; ya no soy esclavo del temor; él me permite clamar «... ¡Abba, Padre!». (Romanos 8:14-15).

Fui bautizado por el Espíritu Santo y soy un miembro del cuerpo de Cristo. (1 Corintios 12:13).

El Espíritu Santo me ha dado dones espirituales. (1 Corintios 12:7,11).

Puedo caminar en el Espíritu Santo en lugar de ceder a los deseos de mi carne. (Gálatas 5:16-18, 25).

¡Soy la niña de sus ojos! (Deuteronomio 32:9-10).

(Declaración 1.F)

Una vez más, revisa la lista y marca aquellas verdades que te cueste creer de corazón. Puedes utilizar el *Demoledor de bastiones* descrito al final de *los Pasos* para reemplazar las mentiras con la verdad. Pero por ahora, usa la siguiente oración para afirmar las verdades sobre ti mismo que has marcado.

Querido Padre celestial,

Gracias por tu gracia y perdón. Elijo creer la(s) verdad(es) que soy _____ (enumera las verdades). Por favor, cambia la forma en que adoro, oro, vivo y sirvo a la luz de esas verdades y lléname con tu Espíritu Santo. En el nombre de Jesús. Amén.

(Oración 1.G)

> RECIBE TU NOMBRE NUEVO

En la Sesión 2 del Curso de la Gracia vimos que Dios ha eliminado nuestra vergüenza y nos ha dado un nombre nuevo. De hecho, hay muchos nombres que Dios nos da en la Biblia. Estos son algunos de ellos:

- Amado. (Colosenses 3:12).
- Escogido. (Efesios 1:4).
- Precioso. (Isaías 43:4)
- Limpio. (Juan 15:3).
- Sano. (Lucas 17:14 NBV).
- Protegido. (Salmo 91:14; Juan 17:15).
- Bienvenido. (Efesios 3:12).
- Heredero. (Romanos 8:17; Gálatas 3:29).
- Completo. (Colosenses 2:10 NBLA).
- Santo. (Hebreos 10:10; Efesios 1:4).
- Perdonado. (Salmo 103:3; Colosenses 2:13).
- Adoptado. (Efesios 1:5).
- Deleite. (Salmo 147:11).
- Libre de vergüenza. (Romanos 10:11 NBLA).

- Conocido. (Salmo 139:1).
- Planeado. (Efesios 1:11-12).
- Dotado. (2 Timoteo 1:6; 1 Corintios 12:11).
- Enriquecido. (2 Corintios 8:9).
- Provisto. (1 Timoteo 6:17).
- Tesoro. (Deuteronomio 7:6 NTV).
- Puro. (1 Corintios 6:11).
- Afirmado. (Romanos 16:25 NBLA).
- Obra maestra de Dios (Efesios 2:10 NTV).
- Cuidado. (Hebreos 13:5).
- Libre de condenación. (Romanos 8:1).
- Hijo de Dios. (Romanos 8:15).
- Amigo de Cristo. (Juan 15:15).
- Novia de Cristo. (Isaías 54:5; Cantares 7:10).

Haz la siguiente oración:

Querido Padre celestial,

¡Gracias por darme un nombre nuevo! Por favor, muéstrame cuál de estos nombres quieres darme ahora. En el nombre de Jesús. Amén

(Oración 1.H)

Por cada nombre nuevo que Dios ponga en tu corazón, di:

> **Gracias, Dios Padre, que mi nombre nuevo es** _____.
>
> *(Oración 1.I)*

Recomendamos que continúes declarando tu(s) nombre(s) nuevo(s) cada mañana durante aproximadamente 40 días y en otros momentos del día cuando sientas que tu mente está bajo ataque del enemigo.

PASO 2:
CAMINA EN EL ESPÍRITU Y NO EN LA CARNE

A pesar de que ahora somos una nueva criatura en Cristo en el núcleo de nuestro ser, aún tenemos una inclinación hacia el pecado que la Biblia llama «la carne». Todos los días podemos elegir entre caminar en el Espíritu o en la carne. En este Paso pediremos al Padre que nos muestre cuáles mentiras hemos creído —mentiras de la carne que han vuelto a esclavizarnos al pecado.

Para comenzar este paso, repite la siguiente oración en voz alta:

> **Querido Padre celestial,**
>
> **Tú dices en tu palabra: «revístanse ustedes del Señor Jesucristo y no se preocupen por seguir los deseos de la carne». Gracias porque Jesús ha perdonado mis pecados y además me ha dado el poder para vencer el pecado en mi vida. Reconozco, sin embargo, que al ceder a la tentación he permitido que el pecado reine en mi cuerpo. Por favor, revélame todo pecado de la carne que he cometido para renunciar a ellos y alcanzar la libertad del pecado. Amén.**
>
> *(Oración 2.A)*

La siguiente lista de pecados de la carne se basa en Gálatas 5:19-21. Marca todo aquel que debas confesar:

- ☐ Pecados sexuales.
- ☐ Borracheras.
- ☐ Otros tipos de impureza.
- ☐ Adorar algo que no es Dios.
- ☐ Participar en el ocultismo.
- ☐ Odio.
- ☐ Ira.
- ☐ División. (NTV).
- ☐ Envidia y celos.
- ☐ Ambición egoísta. (NTV).
- ☐ Otro pecado de la carne: _____.

Querido Padre celestial,

Confieso que he cedido a la carne y he pecado contra ti de la siguiente manera: _____.

Gracias por tu perdón y por limpiarme completamente mediante la sangre de Jesús. Gracias por hacerme puro y santo.

Decido no ofrecer los miembros de mi cuerpo al pecado, sino ofrecerlos a ti.

Te agradezco porque, al haber muerto con Cristo, soy libre del pecado y, al haber resucitado con él, soy libre de la esclavitud al pecado. Declaro que he muerto al pecado y estoy vivo para Dios en Cristo Jesús.

Gracias porque has prometido proveer una salida a la tentación, por favor ayúdame a reconocerla y tomarla. (Ver 1 Corintios 10:13).

Te pido que me llenes nuevamente con tu Espíritu Santo y te invito a desarrollar el fruto del Espíritu en mi vida —«amor, alegría, paz, paciencia, amabilidad, bondad, fidelidad, humildad y dominio propio».

Amén. (Ver Gálatas 5:22–23).

(Oración 2.B)

PASO 3: EL ORGULLO, EL DESEMPEÑO Y EL PERFECCIONISMO

El hermano mayor creía que tenía que esforzarse para obtener algo del padre, pero la verdad era que podía haber disfrutado de todo lo que el padre tenía. Comencemos este paso pidiéndole a Dios que nos revele aquellas expectativas, normas y demandas de los demás que sentimos, que debemos cumplir para sentirnos bien, sentir que damos la talla o ser aceptados. Repite la siguiente oración:

Padre amoroso,

Gracias porque toda expectativa que tienes de mí se ha cumplido plenamente en Cristo. Gracias por perdonar todos mis pecados y anular la deuda que me era adversa clavándola en la cruz. Confieso que he creído la mentira que dice que necesito algo más que a Cristo para obtener o mantener tu aceptación y la de los demás.

Por favor, revélame toda expectativa, norma y exigencia bajo la cual he vivido, y mediante la cual he intentado ser aceptado y sentirme menos culpable. Quiero volver a una fe sencilla y confiar solamente en lo que Jesús ha hecho por mí. Te lo pido en el nombre de Jesucristo, que murió por mí. Amén.

(Oración 3.A)

Ahora toma el tiempo para evaluar cómo has vivido bajo falsas expectativas. Apunta las expectativas, estándares y demandas bajo los cuales has vivido:

• Expectativas que creíste erróneamente que eran de Dios.

• Expectativas de padres y familia.

• Expectativas de profesores.

• Expectativas de las iglesias y líderes de las iglesias.

• Expectativas de jefes.

• Otras expectativas, estándares y demandas: _____.

Luego rechaza toda falsa expectativa con la siguiente oración:

Renuncio a la mentira que dice que tengo que cumplir las expectativas, estándares y demandas de los demás para sentirme bien, valorado o aceptado. Renuncio específicamente a estas falsas expectativas: _____.

Gracias, Señor Jesús, porque en ti cumplo todas las expectativas de Dios

y que no puedo hacer nada para que me ames más o me ames menos. Amén.

(Oración 3.B)

Quizá quieras romper el papel en el que los apuntaste como símbolo de que eliges a partir de ahora confiar solo en Jesús para estar bien con Dios. Entonces avanza en libertad y confianza. Antes de romperlo, toma nota de toda mentira persistente que has creído para que puedas tratarla más tarde con un *Demoledor de bastiones*.

Ahora consideraremos otras áreas en las que hemos vivido en nuestras fuerzas en lugar de vivir desde el descanso en lo que Dios ha hecho. Repite la siguiente oración en voz alta:

Amado Señor,

Revélame ahora cómo es que los pecados de desempeño, perfeccionismo, orgullo, poder y una vida sin gozo han afectado mi vida, para poder abandonarlos. Quiero confesar que he vivido apoyándome en mis fuerzas en lugar de descansar en ti al creer que mis caminos son mejores que los tuyos o que mis preferencias son mejores que las de los demás. Amén.

(Oración 3.C)

Considera estas áreas de debilidad y marca toda acción y actitud que el Espíritu Santo te muestre:

DESEMPEÑO

- ☐ Me enfoco en cumplir leyes y normas en lugar de conocer a Dios.
- ☐ Intento cumplir los mandamientos de Dios para obtener su favor.
- ☐ Intento cumplir los mandamientos de Dios en mis fuerzas.
- ☐ Tengo la compulsión de trabajar cada vez más para mejorar mi desempeño.
- ☐ Creo que el éxito es el modo de obtener la felicidad y sentirme importante.

PERFECCIONISMO

- ☐ Vivo con temor al fracaso.
- ☐ Temo ir al infierno por no cumplir las leyes de Dios a la perfección.
- ☐ Soy incapaz de aceptar la gracia de Dios porque creo que merezco un castigo (aunque Jesús pagó por todos mis pecados en la cruz).
- ☐ Estoy obsesionado con mantenerlo todo bajo control y soy incapaz de experimentar gozo y satisfacción cuando la vida no es perfecta.
- ☐ Me preocupo excesivamente por fallos sin importancia de otros y/o espero la perfección de los demás.
- ☐ Me enfado con los demás cuando alteran mi mundo bajo control y/o me resisto a nuevas ideas.

ORGULLO Y PREJUICIO

- ☐ Creo que soy más espiritual, entregado, humilde o piadoso que otras personas.
- ☐ Creo que mi iglesia, denominación o grupo es mejor que otros.
- ☐ No estoy dispuesto a relacionarme con personas diferentes (tengo un espíritu independiente).
- ☐ No estoy dispuesto a tolerar diferentes opiniones religiosas sobre asuntos secundarios (por ejemplo: el bautismo, la comunión, la teología del final de los tiempos, etcétera) para promover el amor, la paz y la unidad entre hermanos y hermanas en Cristo.
- ☐ Me cuesta admitir que me he equivocado o tengo que demostrar que tengo la razón.
- ☐ Critico a otros ministros y líderes cristianos.
- ☐ Juzgo la motivación y la integridad de los demás o les pongo etiquetas.

PODER Y CONTROL

- ☐ Experimento ansiedad cuando no puedo tener el control.
- ☐ Las leyes, los reglamentos y los estándares (en lugar de sólo el Señor) me proveen seguridad.

- Me interesa más controlar y dominar a otros (mediante un carácter fuerte, insistir, atemorizar o amenazar) que ejercer el dominio propio.
- Me motiva obtener posiciones de poder o llevar a cabo mi agenda.
- Me siento excesivamente responsable por la vida y el bienestar de otros.
- Uso la culpa y la vergüenza como tácticas para conseguir que los demás hagan lo que yo quiero o creo que deben hacer.
- Espero y/o exijo que otros asistan a cada reunión, culto, estudio, programa de la iglesia.

VIDA SIN GOZO

Vivo cumpliendo mis deberes y obligaciones, sin gozo

- Me siento culpable cuando experimento placer o lo busco, pero a escondidas.
- Soy incapaz de relajarme, descansar o quedarme quieto.
- Estoy adicto al trabajo o a la actividad.
- Me atraen las sustancias ilegales, el sexo ilícito, la pornografía, etc. con el fin de escapar o encontrar alguna satisfacción.

Con la oración que sigue, confiesa y renuncia a todo aquello que el Espíritu Santo te haya revelado:

> **Querido Padre celestial,**
>
> **Confieso que he _____ (nombra lo que has marcado).**
>
> **Reconozco que estas actitudes y acciones no corresponden a lo que soy en Cristo, y renuncio a todas ellas. Renuncio a vivir según mis fuerzas y mi criterio; decido adoptar la actitud que tú tenías. Me humillo ante ti y ante los demás. Declaro la verdad que tus caminos son más altos que los míos. Declaro que de ninguna manera soy mejor que otras personas y decido considerar a los demás como más importantes que yo.**
>
> **Gracias por tu perdón. Gracias porque, al ser tu hijo, ya no tengo que promocionarme, sino que puedo confiar en ti para que me levantes a su debido tiempo. Oro en el santo nombre de Jesús. Amén.**
>
> *(Oración 3.D)*

Para cambiar completamente tu forma de pensar, tendrás que renovar tu mente. Usa el *Demoledor de bastiones* para ello.

PASO 4: PERDONAR A LOS DEMÁS

Cuando experimentas el perdón de Dios en tu vida, eres libre para perdonar a los demás.

El dolor que sentimos como consecuencia del abuso físico, verbal, emocional, sexual y espiritual que hemos sufrido puede ser devastador. Es humano sentir ira hacia aquellos que nos han herido u ofendido. Jesucristo puede tocar esas heridas, sanar el daño causado a nuestra alma y liberarnos de su atadura. La sanidad comienza cuando decidimos perdonar de corazón.

Puede que también haga falta perdonarnos por las malas decisiones que hemos tomado, así como renunciar a nuestras creencias falsas sobre la naturaleza de Dios.

Perdonar significa:

- Elegir no seguir resentido contra alguien por su pecado.
- Cancelar su deuda y soltarles, confiar en que Dios tratará con ellos y que él hará justicia.
- Dejar en las manos de Dios a la persona y lo que hizo, y nunca más sacarlo a relucir.
- Confiar en que Dios tratará a esa persona con justicia —cosa que nosotros no somos capaces de hacer.
- Soltar el derecho a vengarme.

Aferrarte a tu ira te hace más daño a ti que a la persona que te ofendió. Si quieres ser libre, tienes que perdonarla de corazón. Perdonar a alguien de corazón significa ser honesto tanto con Dios como contigo mismo acerca del daño que te causó lo que te hicieron. Permite que Jesús saque a flote los sentimientos que has guardado por tanto tiempo, para que él pueda sanar esas heridas emocionales.

Comienza con la siguiente oración en voz alta:

Querido Padre celestial,

Gracias por las riquezas de tu gracia, bondad y paciencia hacia mí; pues tu bondad me lleva al arrepentimiento. Por favor, revélame a toda persona a quien deba perdonar, incluyéndome a mí mismo. Muéstrame también las mentiras que he creído sobre ti en medio de mi dolor. Amén. (Ver Romanos 2:4).

(Oración 4.A)

Haz una lista (por nombre si es posible) de toda persona que el Espíritu Santo traiga a tu mente. Puede incluir

- **Toda persona** que el enemigo utilizó para robarme la libertad y el gozo, ya sea mediante abuso o negligencia, que me hiciera creer que yo no valía nada, que no era digno de ser amado o que mi valor dependía de mi desempeño.

- **Toda persona** que haya ahogado la libre expresión de gracia o libertad espiritual en mi vida y que me haya obligado a conformarme a estándares inalcanzables.

- **Padres**, **líderes de la iglesia**, **maestros de escuela**, **policías/militares** que fueron severos, críticos o condenatorios y que fomentaron un ambiente de rigidez y rendimiento en lugar de uno de gracia.

- **Yo mismo** por imponerme cargas pesadas y así robarme la libertad y el gozo.

- **Dios** —Para obtener nuestra libertad es esencial que reconozcamos y nos alejemos de toda creencia falsa sobre el carácter de Dios debido a lo que él ha permitido en nuestra vida, aunque no entendamos por qué lo permitió. La verdad es que él no ha hecho nada malo, nunca nos ha dejado ni nos ha abandonado. Él promete disponer todas las cosas para nuestro bien (Hebreos 13:5; Romanos 8:28). Podemos recibir su gracia nuevamente y volver a depositar nuestra confianza en él.

Cuando estés listo, comienza a perdonar de corazón a las personas en tu lista, ya sea que te hayan herido deliberadamente o no. Tómate tu tiempo y asegúrate de ser honesto con Dios sobre cada recuerdo doloroso y cómo te hizo sentir.

Querido Padre celestial,

Decido perdonar a _____ (nombra a la persona o grupo de personas) por _____ (precisa lo que hizo o no hizo), lo cual me hizo sentir _____ (expresa con honestidad lo que sentiste o sientes aún).

(Oración 4.B)

Una vez que hayas perdonado a todas las personas en tu lista, bendice a cada uno con la siguen orando (incluyéndote a ti mismo):

> Querido Padre celestial,
>
> Decido no buscar la venganza ni aferrarme a mi amargura hacia_____ (nombre). Gracias por liberarme de la esclavitud de mi amargura. Ahora te pido que bendigas a _____ (nombre).
>
> Amén.
>
> *(Oración 4.C)*

ORACIÓN PARA LIBERAR A DIOS DE MIS EXPECTATIVAS INCUMPLIDAS

Si te das cuenta de que has tenido pensamientos de ira hacia Dios, repite esta oración en voz alta:

> Querido Padre celestial, te libero de mis expectativas frustradas, de la ira y de la amargura secreta que he sentido hacia ti. Rechazo la mentira que dice que eres igual a todos los que me han fallado, y declaro la verdad de que me amas con amor eterno. Te bendigo. Amén.
>
> *(Oración 4.D)*

Considera echar otro vistazo a lo que dijiste después de «lo cual me hizo sentir» en la Oración 4.B. Si encuentras que la misma palabra o expresión se repite varias veces, puede que hayas encontrado una creencia falsa que puedes tratar usando el proceso del *Demoledor de bastiones*.

PASO 5: LIBERTAD DEL TEMOR

En este paso le pediremos a Dios que nos revele todo temor malsano. El temor malsano es el temor a un objeto que creemos erróneamente que está presente y es poderoso.

Comienza con la siguiente oración en voz alta:

> **Querido Padre celestial,**
>
> **Vengo a ti como tu hijo y reconozco que tú eres el único objeto legítimo de temor en mi vida. Confieso que he sentido temor y ansiedad por no creer ni confiar en tu cuidado protector. No siempre he vivido por fe en ti y con frecuencia he confiado en mis propias fuerzas y recursos. Gracias porque en Cristo obtengo perdón. Elijo creer la verdad que tú no me has dado un espíritu de timidez, sino de poder, de amor y de dominio propio. Por lo tanto, rechazo todo espíritu de temor. Por favor, revela a mi mente todo temor malsano que me ha estado controlando. Muéstrame dónde me he vuelto temeroso y las mentiras que he creído. Abre los ojos de mi corazón a tu verdad maravillosa. Deseo vivir responsablemente en el poder de tu Espíritu Santo. Muéstrame cómo los temores me han impedido hacerlo. Te lo pido para poder confesar, rechazar y vencer todo temor por la fe en ti. Amén.**
>
> *(Oración 5.A)*

La siguiente lista puede ayudarte a reconocer los temores malsanos que han obstaculizado tu camino de fe. Marca los que se aplican a ti, y apunta otros que el Señor te revele aunque no estén en la lista.

☐ Temor a Satanás.

☐ Temor a la muerte o a la muerte de un ser querido.

☐ Temor a no ser amado por Dios.

☐ Temor al futuro.

☐ Temor a tener problemas económicos.

☐ Temor a enloquecer o a ser un caso perdido.

☐ Temor a no casarme nunca.

☐ Temor a nunca tener hijos.

☐ Temor a no poder amar a los demás.

☐ Temor al rechazo/desaprobación/vergüenza.

☐ Temor al matrimonio o al divorcio.

☐ Temor al fracaso.

☐ Temor a la confrontación.

☐ Temor a ser víctima de un delito.

☐ Temor de haber cometido el pecado imperdonable.

☐ Temor a animales u objetos específicos.

☐ Otros temores malsanos
_____.

Recuerda, detrás de cada temor malsano hay una mentira. Te será útil identificar estas mentiras, porque renunciar a ellas y elegir la verdad es un paso crítico para ganar y mantener tu libertad en Cristo. Debes conocer y elegir creer en la verdad para que te libere.

Cuando estés listo, usa el siguiente recuadro (o un papel aparte) para anotar el temor malsano. Luego encuentra la mentira detrás del temor y la verdad correspondiente en las Escrituras. No es fácil identificar las mentiras porque te han acompañado durante mucho tiempo y sientes que son ciertas. Si necesitas ayuda, no dudes en pedírsela a una persona madura en la fe.

TEMOR	MENTIRA	VERDAD
Ejemplo: fracaso	Fracasar me hace insignificante	«Porque eres precioso a mis ojos y digno de honra, yo te amo». (ver Isaías 43:4a).

Expresa la siguiente oración por cada temor que te ha controlado:

Querido Padre,

Confieso y me arrepiento del temor a _____. **He creído que** _____ **(nombra la mentira). Rechazo esa mentira y elijo creer la verdad que** _____ **(nombra la verdad). También confieso cada ocasión en la que este temor me ha llevado a actuar irresponsablemente o ha afectado mi testimonio cristiano. Elijo creer en la promesa que tú me proteges y que satisfaces todas mis necesidades cuando vivo por fe en ti (Salmo 23:1; 27:1; Mateo 6:33-34). En el nombre de Jesús, digno de confianza. Amén.**

(Oración 5.B)

EL TEMOR A LA GENTE

Proverbios 29:25 dice: «Temer a los hombres resulta una trampa, pero el que confía en el Señor sale bien librado». Temer a la gente, eventualmente nos conduce a complacer a la gente —y eso es esclavizante. Las personas complacientes se preocupan demasiado por lo que piensan los demás a su alrededor, puesto que creen (erróneamente) que su valor y felicidad dependen de la aceptación o aprobación de ellos.

Cuando nuestro objetivo es agradar a la gente (o a una persona) y procurar su felicidad, terminamos esclavizados a ellos y abandonamos la seguridad y la protección de servir sólo a Cristo (Gálatas 1:10). Para permitir que el Espíritu Santo examine tu corazón en esta área, empieza orando:

Querido Padre celestial,

Sé que no siempre he caminado por fe, sino que he permitido que el temor a la gente me controle. He estado demasiado preocupado por obtener la aprobación de los demás, y me he desviado de una devoción sencilla y pura a Cristo. Quiero caminar en un temor sano de ti y no de los demás. Gracias por tu perdón. Ahora muéstrame las maneras en las que he permitido que el temor a los demás me controle. Amén.

(Oración 5.C)

Marca las áreas que el Espíritu Santo te revele:

☐ Constantemente necesito la afirmación de otros para sentirme feliz, importante o valioso y fácilmente me deprimo, me desanimo y me doy por vencido.

☐ He tenido temor de decir lo que realmente pienso o siento por miedo a ser reprendido, ridiculizado o rechazado.

☐ Tengo temor de decir «no» cuando se me pide hacer algo, por miedo a experimentar rechazo o ira y a menudo me siento agotado o me siento utilizado.

☐ Me cuesta establecer límites saludables en mi vida.

☐ Las personas con temperamento fuerte me intimidan fácilmente.

☐ No recibo bien las críticas; me causan dolor porque me hacen sentir como un fracasado.

☐ Me aseguro de que la gente se entere de las cosas «buenas» que he hecho.

☐ A veces he mentido para encubrir cosas de mi vida que temo que la gente desapruebe.

☐ Me he preocupado más por seguir las tradiciones humanas en nuestra iglesia que por obedecer la palabra de Dios.

☐ Otras maneras en las que he permitido que el temor a la gente me controle: _____.

Ahora usa esta oración para confesar tu temor a la gente:

Querido Padre celestial,

Gracias por mostrarme cómo ha sido influenciada mi vida por el temor a la gente, intentando complacerlos en lugar de discernir y hacer tu voluntad. Me doy cuenta de que esto es pecado. Confieso específicamente el pecado de _____ (menciona los pecados que el Señor te haya revelado en la lista anterior).

Gracias por tu perdón bondadoso y gracias porque tú ya me amas, aceptas y apruebas, de manera que no tengo que intentar obtenerlo de otras personas. De hecho, eres digno de confianza, así que escojo creerte, incluso cuando mis sentimientos y circunstancias me dicen que tema. Tú siempre estás conmigo y me fortalecerás, me ayudarás y me sostendrás con tu diestra justa.

Enséñame lo que te agrada, independientemente de las opiniones de los demás. Confío en tu poder dentro de mí para caminar en temor solo de ti. En el poderoso nombre de Jesús. Amén. (Ver Isaías 41:10).

(Oración 5.D)

PASO 6:
CAMBIAR LA ANSIEDAD POR LA PAZ DE DIOS

Pablo dijo: «No se preocupen por nada; más bien, en toda ocasión, con oración y ruego, presenten sus peticiones a Dios y denle gracias» (Filipenses 4:6). También nos dijo que depositáramos en él toda ansiedad, porque él cuida de nosotros (1 Pedro 5:7). En este paso pondremos en práctica los principios que aprendimos en cuanto a depositar nuestra ansiedad en Cristo en la sesión 6 del *Curso de la Gracia.*

La oración es el primer paso para depositar toda tu ansiedad en Cristo. Así que comienza con la siguiente oración:

Querido Padre celestial,

Como tu hijo, declaro mi dependencia de ti y reconozco mi necesidad de ti. Sé que separado de Cristo no puedo hacer nada.

Tú conoces los pensamientos y las intenciones de mi corazón y conoces la situación en la que me encuentro desde el principio hasta el final. No quiero ser de doble ánimo y necesito tu paz para cuidar mi mente y mi corazón.

Pongo mi confianza en ti para suplir todas mis necesidades de acuerdo con tus riquezas en gloria y para guiarme a toda verdad. Guíame para poder cumplir con mi llamado de llevar una vida responsable por fe en el poder de tu Espíritu Santo.

«Examíname, oh, Dios, y conoce mi corazón; pruébame y conoce mis ansiedades. Fíjate si voy por un camino que te ofenda y guíame por el camino eterno». En el precioso nombre de Jesús. Amén. (Ver Salmo 139:23-24).

(Oración 6.A)

Eres responsable solo de aquello que tienes el derecho y la capacidad de controlar. No eres responsable de lo que no puedes controlar. Tu sentido de valor debe estar ligado solo a aquello de lo cual eres responsable.

Si no vives una vida responsable, ¡deberías sentirte ansioso! No intentes echar tu responsabilidad sobre Cristo, él te la devolverá. Pero deposita tu ansiedad sobre él porque él ha prometido satisfacer tus necesidades si vives una vida responsable y recta. Identifica el problema: ¿qué es lo que te causa ansiedad?

Utiliza este recuadro en un espíritu de oración para examinar lo que te causa ansiedad

Identifica el problema	¿Cuáles son los hechos de la situación?	¿Qué estoy suponiendo?	¿Qué puedo controlar y cuál es mi responsabilidad?
Ejemplo: He descubierto un bulto en mi brazo.	El bulto se hace cada vez más grande	Va a ser cancerígeno y me van a amputar el brazo.	Llevar mis pensamientos cautivos a Cristo.

El resto es responsabilidad de Dios. Tu única responsabilidad restante es continuar orando y enfocarte en la verdad de acuerdo con Filipenses 4:6-8. Si aún te sientes ansioso, revisa de nuevo que no estés asumiendo responsabilidades que Dios nunca quiso que tuvieras.

Asume la responsabilidad de lo que te corresponde orando lo siguiente:

Querido Padre celestial,

Gracias por sacar a la luz las situaciones que me ponen ansioso. Renuncio a crear suposiciones y de ahora en adelante decido fijar mi mente en lo que sé que son los hechos de la situación. Renuncio a intentar lidiar con aquello que no es mi responsabilidad, pero me comprometo a cumplir con aquello que es mi responsabilidad. Sobre esa base, deposito mi ansiedad sobre ti, confiado en que tratarás con estas situaciones con tu infinito amor y sabiduría. Te los entrego. En el poderoso nombre de Jesús. Amén

(Oración 6.B)

UNA RUTINA DE CINCO DÍAS PARA COMBATIR LA ANSIEDAD

Quizá este ejercicio te resulte útil en los próximos días.

Día 1

Practica la gratitud por lo que Dios ha hecho por ti, su hijo. Busca y lee los versículos de la Biblia para ver algunas de las declaraciones de *La verdad acerca de quiénes somos en Cristo* del Paso 1. Toma uno y dedica tiempo a agradecerle por lo que significa para ti.

Día 2

Practica la gratitud por quien Dios es, usando la lista de *La verdad acerca de nuestro Padre Dios* del Paso 1. Escoge una verdad y pídele a Dios que te recuerde cómo te ha demostrado ser fiel a esa cualidad de su naturaleza. Escribe una oración para agradecerle. Compártelo con otra persona.

Día 3

Piensa en cada etapa de tu vida. Dale gracias a Dios por sus dones de gracia. Agradécele también por alguna oración no contestada, ¿puedes ver ahora cómo la ha usado para bien? Comparta un don de la gracia y una acción de gracias por una oración no contestada con otra persona.

Día 4

Medita en las historias de personas de la Biblia que superaron el temor y la ansiedad. Lee uno de los ejemplos a continuación. ¿Dónde ves similitudes con tu experiencia? ¿Cómo se manifestó Dios? ¿Qué características de tu Padre celestial ves en el resultado?

- Moisés. (Éxodo 3:1-9).
- Elías. Cuando la malvada Jezabel quiso perseguirlo y matarlo. (1 Reyes 19).
- José. Sus hermanos conspiraron para matarlo, pero en lugar de eso lo vendieron como esclavo. ¿No es este el plan del enemigo para todos nosotros? Lee el resultado en Génesis 39:2-4, 21-23 y 50:19-21.
- Pablo. (2 Corintios 4:7-11).

Día 5

Lee los versículos de la Biblia para conocer algunos de los nombres nuevos que tienes al estar «en Cristo», de la Sesión 2 del *Curso de la Gracia*. ¿Cómo está obrando Dios un nombre nuevo en tu vida hoy? ¿Cómo sería la vida si realmente te apropiaras de tu nombre nuevo? Dale gracias a Dios por darte un futuro y una esperanza. Escribe en un diario y compártelo con otra persona.

PASO 7:
RINDÁMONOS COMO UN SACRIFICIO VIVO

¿Estás listo para comprometerte con Dios a amarlo con todo tu corazón, no por obligación, sino simplemente por amor? Puede parecer aterrador, pero de hecho, cuando nos entregamos completamente en las manos de nuestro amoroso Padre, nos colocamos en el único lugar donde estamos completa y absolutamente seguros.

Como hijos de Dios, tenemos las promesas de que «Mas a cuantos lo recibieron, a los que creen en su nombre, les dio el derecho de ser hechos hijos de Dios». (Juan 1:12). Y «... todo es de ustedes, y ustedes son de Cristo, y Cristo es de Dios». (1 Corintios 3:22-23). Cuando renunciamos a lo que somos en lo natural, descubrimos quiénes somos realmente en Cristo.

Para comenzar este paso, repite la siguiente oración:

> **Querido Padre celestial,**
>
> **Reconozco que tú eres amor y que siempre has sido fiel conmigo y seguirás siendo fiel por quien eres, independientemente de mis circunstancias o de cómo me sienta.**
>
> **Confieso que no siempre he confiado en que tú tengas las mejores intenciones conmigo, o en que tú cumplirás tus promesas. Me arrepiento de toda duda que he tenido con respecto a tu carácter y de todas las maneras en las que he tomado mi vida en mis propias manos.**
>
> **Por favor, muéstrame toda área que no haya rendido por completo. Ahora ayúdame a dar un paso de mayor confianza y dependencia de ti, a entregarte todo lo que soy y todo lo que tengo. Amén.**
>
> *(Oración 7.A)*

¿Qué necesitas rendirle a Dios específicamente ahora?

- ☐ Vivir mi vida en mis propias fuerzas y recursos.
- ☐ Decir lo que yo quiera y cuando quiera.
- ☐ Ir a donde yo quiera cuando me dé la gana.
- ☐ Vivir donde yo quiera.
- ☐ Tener el tipo de trabajo que yo quiera.

☐ Tener la seguridad económica que yo quiera.

☐ Estar soltero o casado.

☐ Tener el número (y sexo) de hijos que yo quiera.

☐ Ver que todos mis hijos lleguen a amar y seguir al Señor.

☐ Tener siempre la razón.

☐ Ser siempre amado, aceptado y comprendido por la gente.

☐ Tener los amigos que yo quiera.

☐ Ser usado por Dios de maneras específicas.

☐ Saber siempre cuál es la voluntad de Dios.

☐ Ser capaz de «arreglar» a las personas o a las circunstancias que me rodean.

☐ Gozar de buena salud y no padecer dolor o sufrimiento.

☐ Tener una idea concreta de lo que es un ministerio cristiano «exitoso».

☐ Recibir el perdón de aquellos a quienes he herido.

☐ Ser librado de la angustia, la crisis y la tragedia.

☐ Reaccionar en ira o rebelión hacia quienes me han herido de manera incorrecta y pecaminosa.

☐ Otras cosas que el Espíritu Santo ponga en mi corazón: _____.

Ahora repite la siguiente oración de rendición:

> **Querido Padre celestial,**
>
> **Decido entregarme sin reservas a ti, así como Jesús se entregó por mí. Renuncio específicamente a lo que me has mostrado: _____. Lo suelto.**
>
> **Te doy permiso para hacer en mí y a través de mí lo que tú desees, y lo que te glorifique. En donde me quieras colocar. Úsame como me elijas usar. Hágase tu voluntad en mí.**
>
> **Acepto gozosamente mi responsabilidad de seguir tu buena, agradable y perfecta voluntad para mí por el poder del Espíritu Santo. Amén.**
>
> *(Oración 7.B)*

> ORACIÓN FINAL

En esta última oración de rendición, te invitamos a ofrecerte a Dios como un sacrificio vivo y santo. También completa el proceso de someterte a Dios y resistir al diablo ordenando a todos los enemigos del Señor Jesucristo que abandonen tu presencia.

Querido Padre celestial.

Como tu hijo redimido, he sido liberado de la esclavitud del pecado, la culpa, la vergüenza y la obediencia a la Ley. Gracias porque a través de Cristo, la Ley de Dios se ha escrito en mi corazón y en mi mente. Ahora me someto a ti como un instrumento de justicia, un sacrificio vivo y santo que te dará gloria.

Habiéndome sometido a ti, resisto al diablo, y ordeno a todo enemigo espiritual del Señor Jesucristo que abandone mi presencia.

Padre, lléname de tu Espíritu Santo. Me comprometo a tomar todo pensamiento cautivo y a renovar mi mente diariamente. Elijo ser motivado por el amor y por nada más. Gracias porque ahora vivo en la gracia, el perdón, la aceptación, la paz y el descanso que son míos en el Señor Jesucristo. Amén.

(Oración 7.C)

AFIRMACIONES FINALES

Como un último ejercicio de fe, repite estas declaraciones en voz alta para afirmar algunas verdades bíblicas asombrosas sobre la maravillosa gracia de Dios:

Afirmo que la palabra de Dios para mí es: «Que Dios nuestro Padre y el Señor Jesucristo les concedan gracia y paz». (Gálatas 1:3).

Afirmo que Cristo me libertó para que viva en libertad. Por lo tanto, decido mantenerme firme y no someterme nuevamente al yugo de esclavitud. (Gálatas 5:1).

Afirmo que la Ley era el guía encargado de conducirme a Cristo, pero ahora que ha llegado la fe, ya no estoy sujeto al guía. (Gálatas 3:24-25).

Afirmo que ahora soy un hijo de Dios incondicionalmente amado, aceptado y seguro en Cristo. (Gálatas 3:26; Efesios 1:5-6).

Afirmo que he muerto a la Ley mediante el cuerpo crucificado de Cristo y que pertenezco al Cristo resucitado para llevar mucho fruto para Dios. (Romanos 7:4).

Afirmo que soy un sacrificio vivo y que el propósito de mi vida es agradar a Dios, no a otros. (Gálatas 1:10).

Afirmo que el poder de Cristo se perfecciona en mi debilidad y que su gracia me basta. (2 Corintios 12:9).

Afirmo que, después de haber comenzado con el Espíritu, no pretendo perfeccionarme con esfuerzo humano, sino a través del poder transformador del Espíritu de libertad. (Gálatas 3:3; 2 Corintios 3:17-18).

Por lo tanto, afirmo que, por la gracia de Dios, soy lo que soy y que por su gracia me mantengo firme. (1 Corintios 15:10; Romanos 5:2).

Todo esto para la alabanza de su gloriosa gracia, que nos concedió en Cristo. (Efesios 1:6).

(Afirmaciones Finales 7.D)

DEMOLEDOR DE BASTIONES

OBJETIVO

Ser equipados con un método práctico para reemplazar las creencias erróneas con la verdad de las Escrituras para que la transformación se convierta en un estilo de vida.

VERSÍCULO CLAVE

«No se amolden al mundo actual, sino sean transformados mediante la renovación de su mente. Así podrán comprobar cómo es la voluntad de Dios: buena, agradable y perfecta».

Romanos 12:2

VERDAD CLAVE

Todos tenemos formas de pensar arraigadas que no coinciden con la verdad de Dios. El éxito para avanzar en libertad y crecer en madurez depende de que renovemos nuestra mente al sacar a la luz las mentiras y reemplazarlas con la verdad de las Escrituras.

CONECTA

Cuéntanos de alguna oportunidad en que te jugaron una mala pasada.

Jesús promete que conoceremos la verdad y que la verdad nos hará libres; y lo dice el mismo que también afirma ser la Verdad. ¿Qué crees que significa que Jesús es la Verdad?

ORACIÓN Y DECLARACIÓN

Padre celestial, te agradezco porque la gracia que nos mostraste en la cruz de Jesús está disponible para nosotros diariamente. Por favor, guíanos a toda verdad, revélanos los bastiones en nuestra mente y ayúdanos a renovar nuestra mente para que seamos transformados. Queremos ser discípulos que dan mucho fruto. Decidimos poner nuestra esperanza en la gracia que se nos dará cuando Jesucristo sea revelado. En su nombre. Amén.

DECLARAMOS QUE, AUNQUE VIVAMOS EN EL MUNDO, NO LIBRAMOS BATALLAS COMO LO HACE EL MUNDO —LAS ARMAS CON QUE LUCHAMOS TIENEN PODER DIVINO. POR CADA CREENCIA ERRADA QUE NOS TIENE ATRAPADOS, ELEGIMOS CREER EN LA PROMESA DE DIOS QUE PODEMOS DEMOLERLA, NO MERAMENTE SOBRELLEVARLA O MANEJARLA. ¡LA VAMOS A DEMOLER! Y AL HACERLO, SEREMOS TRANSFORMADOS POR LA RENOVACIÓN DE NUESTRA MENTE.

PALABRA

¿QUÉ SON LOS BASTIONES?

«Por lo tanto, hermanos, tomando en cuenta la misericordia de Dios, ruego que cada uno de ustedes, en adoración espiritual, ofrezca su cuerpo como sacrificio vivo, santo y agradable a Dios. No se amolden al mundo actual, sino sean transformados mediante la renovación de su mente. Así podrán comprobar cómo es la voluntad de Dios: buena, agradable y perfecta». (Romanos 12:1-2).

Somos transformados mediante la renovación de nuestra mente. El *Demoledor de bastiones* es un método muy práctico de llevarlo a cabo.

El significado literal de *bastión* es una *fortaleza*, un recinto fortificado. Pero en una ocasión en el Nuevo Testamento, Pablo lo usa como metáfora:

«pues aunque vivimos en el mundo, no libramos batallas como lo hace el mundo. Las armas con que luchamos no son del mundo, sino que tienen el poder divino para derribar fortalezas. Destruimos argumentos y toda altivez que se levanta contra el conocimiento de Dios, y llevamos cautivo todo pensamiento para que obedezca a Cristo». (2 Corintios 10:3-5).

El contexto de este pasaje es nuestra mente, nuestra manera de pensar. Y la palabra fortaleza se refiere a una creencia defectuosa (que es incompatible con lo que Dios dice en la Biblia) que está profundamente arraigada. Aunque la palabra que aparece en 2 Corintios para referirse a un recinto militar fortificado es «fortalezas», hemos escogido el sinónimo «bastiones» para no confundirlo con el significado de fortaleza como virtud.

Demoler bastiones y llevar cautivo todo pensamiento no son cosas que Dios hará por nosotros —son nuestra responsabilidad.

Efesios 2:2-3 RV/60 dice que nosotros anduvimos «... siguiendo la corriente de este mundo, conforme al príncipe de la potestad del aire, el espíritu que ahora opera en los hijos de desobediencia, entre los cuales también todos nosotros vivimos en otro tiempo... haciendo la voluntad de la carne y de los pensamientos, ...».

Colosenses 2:8 NTV nos dice que no permitamos que nadie nos atrape con «... Filosofías huecas y disparates elocuentes, ... que nacen del pensamiento humano y de... los poderes espirituales de este mundo...».

Tal vez comenzó en tu infancia cuando algo que sucedió plantó una pequeña idea en tu mente —tal vez te hicieron bullying o alguien te criticó: «Eres un inútil», «No sirves para nada», «Eres feo», «Todo lo arruinas».

Más tarde, el enemigo trajo a otro que dijo o hizo lo mismo. Dado que conoce tus vulnerabilidades, las explota sin piedad trayendo personas o circunstancias una tras otra para repetir el mismo mensaje negativo.

El mundo entonces añade sal a la herida con su constante bombardeo de mentiras sobre lo que significa tener éxito, ser feliz o ser amado.

A medida que la mentira se hace más fuerte, se convierte en nuestro pensamiento predeterminado o automático y se manifiesta en nuestro comportamiento. Quizás, cuando alguien sugiere que solicitemos un trabajo en particular o que lideremos un grupo pequeño en la iglesia, escuchamos una voz en nuestra mente: «Yo no podría hacerlo. No sirvo para eso». Lo hemos creído durante tanto tiempo que se ha convertido en parte de nosotros, y no podemos imaginar la vida de otro modo.

Los sentimientos de inferioridad, inseguridad e ineptitud son bastiones. Porque ningún hijo de Dios es inferior, inseguro o inepto.

¿Acaso un hijo de Dios puede ser sucio o feo? Nunca. No es verdad. Aunque lo *sientas* como si fuese cierto. Es una mentira reforzada tantas veces que se ha vuelto como un muro impenetrable, y te hace pensar y actuar de maneras que contradicen las Escrituras.

1. Cuando hablamos de una «mentira» en el *Curso de la Gracia*, nos referimos a una creencia que contradice lo que Dios dice en la Biblia. Aunque tú sientas que es cierto, Dios dice que no es verdad. Aquí hay una lista de mentiras que la gente comúnmente llega a creer sobre sí misma:

   - No soy amado.

   - Soy rechazado.

   - No sirvo para nada.

   - No tengo remedio.

   - Soy tonto.

   Si te sientes cómodo, comparte con el grupo una de las mentiras que has descubierto. (No tiene que estar en la lista, por supuesto).

2. Por cada mentira que se haya mencionado en el grupo, o por las mentiras de la lista, busca un versículo bíblico que demuestre que no es verdad.

DEMOLER BASTIONES

Puede que estén muy arraigados, pero Dios nos dice que no tenemos que seguir cargando con las mentiras que se han convertido en bastiones —podemos demolerlos.

Es tu responsabilidad. Nadie puede renovar tu mente por ti. Y Dios tampoco lo hará —en su sabiduría y gracia te ha dado la responsabilidad y la capacidad de hacerlo. Por tanto, si no lo haces, quedará sin hacer. Y no habrá una transformación duradera.

Lleva tiempo. Recobrar los lugares de influencia que le hemos cedido al enemigo a través del pecado se puede hacer mediante *los Pasos hacia la Libertad en Cristo* o *los Pasos para experimentar la Gracia de Dios* en un día. Pero demoler un bastión lleva tiempo, de hecho, toma varias semanas. Tendrás que perseverar —pero valdrá la pena.

Por definición, las mentiras que crees las sientes como si fueran ciertas. Se requiere humildad e intencionalidad para someter tus pensamientos a la luz de la verdad de Dios.

Es muy difícil demoler un bastión sin primero cerrar toda puerta abierta al enemigo por el pecado no resuelto en tu vida.

Una vez que cierras las puertas abiertas al enemigo, un bastión es sencillamente un hábito mental que se puede romper. Elaborar y usar un *Demoledor de bastiones* es un excelente método para romper un hábito.

DEMOLEDOR DE BASTIONES

Véase el *Resumen del Demoledor de bastiones* en las páginas 150 y 151 y los ejemplos en las páginas 152 a 156.

Primero, identifica la creencia errónea que quieres cambiar, la mentira que ahora te das cuenta de que no coincide con o que contradice las Escrituras.

Segundo, considera el efecto que tiene sobre tu vida creer esa mentira. Darte cuenta de los efectos negativos te motivará a derribar la fortaleza.

Tercero, encuentra la verdad bíblica que contrarresta la mentira. Puedes recurrir a una concordancia, una aplicación de la Biblia o un amigo sabio para encontrar versículos que afirman la verdad y se oponen a la mentira que crees.

Por ejemplo, puede que tus experiencias pasadas te hayan dejado con la sensación de que eres indefenso y que no tienes remedio. Si alguien intenta decirte que es mentira, tú piensas: «No, sí que es verdad». Pero, ¿qué dice la Biblia?

- Hebreos 13:5 —Dios nunca te dejará ni te abandonará.
- Filipenses 4:13 —todo lo puedes en Cristo que te fortalece.
- Romanos 8:37 —eres más que vencedor por Jesús, que te ama.
- 2 Pedro 1:3 —Dios, por su divino poder, te ha concedido todo lo que necesitas para vivir con devoción.

Cuarto, escribe una declaración:

Rechazo la mentira que dice que soy indefenso y que nunca cambiaré.

Esta mentira me ha hecho sentir derrotado y ha impedido que yo venza el pecado.

Declaro la verdad que Dios, por su divino poder, me ha dado todo lo que necesito para vivir con devoción y que todo lo puedo en Cristo que me fortalece. En Cristo que me ama, soy más que vencedor.

Quinto, lee la declaración en voz alta durante 40 días, recordando que, si Dios lo ha dicho, es verdad. Cuanto más veces la repitas durante el día, mejor.

Esto no es tan fácil como parece, porque la mentira detrás del bastión la sientes como si fuera cierta.

Persevera hasta que hayas completado al menos 40 días, o quizá necesites más. Recuerda que gran parte de ese tiempo sentirás que el demoledor es una pérdida de tiempo, que no tiene efecto alguno. Pero si perseveras, derribarás la fortaleza y serás transformado.

Sin embargo, no depende de tu esfuerzo. Depende de creerle a Dios y descansar en su gracia. Si te olvidas hacerlo unos días, ¡Dios no se enfada contigo! Simplemente retómalo y sigue adelante.

Limítate a un *Demoledor de bastiones* a la vez. Derribar bastiones es una maratón, no un sprint. Una vez que has demolido uno, puedes comenzar con el siguiente.

Para concluir, queremos dejarte con 1 Pedro 1:13 NTV: «... preparen su mente para actuar...». Al renovar tu mente, de acuerdo con la verdad de Dios —lo que él dice de sí mismo y lo que dice de ti— estarás mucho mejor equipado para servir a Dios en este mundo y dar abundante fruto para su reino.

Pero, de nuevo, no es por nuestro esfuerzo. El versículo en NTV continúa diciendo que pongas toda tu: «... esperanza en la salvación inmerecida que recibirán cuando Jesucristo sea revelado al mundo». La gracia que Dios nos mostró cuando Jesús fue crucificado y la gracia que nos mostrará cuando Jesús regrese, es la misma gracia que él nos muestra diariamente para ayudarnos a renovar nuestra mente y caminar con él en este mundo.

PAUSA PARA LA REFLEXIÓN 2

Comienza a elaborar tu propio *Demoledor de bastiones* para derribar la mentira. Utiliza las pautas de esta *Guía del participante* y mira los ejemplos dados.

RESUMEN DEL DEMOLEDOR DE BASTIONES

«Las armas con que luchamos no son del mundo, sino que tienen el poder divino para derribar fortalezas. Destruimos argumentos y toda altivez que se levanta contra el conocimiento de Dios, y llevamos cautivo todo pensamiento para que obedezca a Cristo». (2 Corintios 10:4-5).

Nuestras creencias arraigadas son como muros de piedra en nuestra mente. La Biblia los llama «fortalezas» (bastiones). La promesa de Dios es que podemos demolerlas y ser libres para creer la verdad. Durante *los Pasos para experimentar la Gracia de Dios*, resolviste los problemas espirituales que el Espíritu Santo te reveló, y, por tanto, será mucho más fácil que antes cambiar estas creencias arraigadas.

La transformación continua se da solamente cuando eliges renovar tu mente a diario (Romanos 12:2), es decir, cuando reemplazas las creencias erróneas arraigadas con lo que Dios te dice que es verdad.

Pídele a Dios que te muestre una creencia importante que ahora te das cuenta de que es falsa. Utiliza el método del *Demoledor de bastiones* para derribarla durante las próximas semanas. Una vez que hayas reemplazado esa mentira con la verdad, haz lo mismo con otra creencia falsa, y luego otra según el Espíritu Santo te guíe.

1. Identifica la creencia errónea que quieres cambiar

Esto es lo que la Biblia llama llevar cautivo todo pensamiento para que obedezca a Cristo. Implica tomar consciencia de lo que pensamos y decimos, y considerar si coincide con lo que Dios nos dice que es verdad en la Biblia.

2. Considera el efecto que creer esa mentira tiene sobre tu vida

Darte cuenta de los efectos negativos debe impulsarte a derribar el bastión porque comprendes los cambios positivos que traerá.

3. Apunta versículos claves de la Biblia que contrarrestan la mentira

Por ejemplo, quizá tus experiencias pasadas te hicieron creer que eres indefenso y que no tienes remedio. Pero la Biblia lo contradice: Dios nunca te dejará ni te abandonará (Isaías 41:10-13, Hebreos 13:5-6); todo lo puedes en Cristo que te fortalece (Filipenses 4:13).

4. Escribe una declaración basada en los versículos

Utiliza el siguiente patrón:

Rechazo la mentira que dice que............ [por ejemplo, soy sucio].

Creer esta mentira........... [por ejemplo, me hace sentir profunda vergüenza, hace que me aísle, etcétera]..

Declaro la verdad que........... [por ejemplo, he sido lavado por la sangre de Jesús, soy puro y santo, puedo acercarme a Dios confiadamente, etcétera].

5. Repite la declaración en voz alta durante 40 días

¡La Biblia dice que «En la lengua hay poder de vida y muerte; ...»! (Proverbios 18:21) Declarar en voz alta ayuda a nuestra mente a asimilar la verdad más eficazmente que si lo leemos en silencio.

¡Atención! El *Demoledor de bastiones* no es tan fácil como parece porque tus sentimientos te dicen que la mentira detrás del bastión es cierta. Así que sentirás que es una pérdida de tiempo.

Cumplir con los 40 días será como demoler un muro de hormigón. El muro resiste 10, 20, 30 golpes del mazo sin dar señal visible de resquebrajamiento. De igual manera, a medida que avanzas con el Demoledor sentirás que nada cambia. Pero eventualmente aparecen unas pequeñas grietas que pronto se hacen más grandes y finalmente el muro se derrumba. Parecería que solo los últimos golpes tuvieron éxito. Pero sin los golpes anteriores, el muro no hubiera caído. ¡Persevera hasta demoler el bastión y hasta que conozcas la verdad que te hará libre!

EJEMPLO DE DEMOLEDOR DE BASTIONES 1

TEMOR A AL RECHAZO

La mentira: «no doy la talla», «no soy capaz de agradar a los demás».

Efecto en mi vida: me siento inseguro frente a los demás, la gente me intimida fácilmente, me desvivo por agradar, me obsesiono por mi apariencia, intento decir y hacer «lo correcto»

La verdad: Tú no me escogiste a mí, sino que yo te escogí a ti. (Juan 15:16). «Nos selló como propiedad suya y puso su Espíritu en nuestro corazón como garantía de sus promesas». (2 Corintios 1:22). «... Se deleitará en ti con gozo, te renovará con su amor, se alegrará por ti con cantos"». (Sofonías 3:17).

El hombre se fija en la apariencia externa, pero el Señor se fija en el corazón. (1 Samuel 16:7).

«El Señor está a mi favor; no temeré. ¿Qué puede hacerme el hombre?». (Salmo 118:6 LBLA).

Hemos sido aprobados por Dios para que se nos confíe el evangelio, por eso hablamos, no para agradar al hombre, sino para agradar a Dios que examina nuestros corazones. (1 Tesalonicenses 2:4).

Querido Dios Padre,

Rechazo la mentira que dice que no doy la talla, que soy incapaz de agradar a los demás.

Creer esta mentira me ha hecho sentir inseguro, intimidado, agotado por intentar agradar y ansioso por decir y hacer «lo correcto».

Declaro la verdad que tú me has escogido y que he recibido un corazón nuevo. Por lo tanto, soy tuyo y tengo tu aprobación. Incluso cuando no agrado a los demás, tú te deleitas en mí y tu opinión es la que importa.

Ahora elijo agradarte a ti en lugar de a los demás; confío en que puedo compartir las buenas nuevas con otros porque tú prometes estar conmigo dondequiera que yo vaya.

Amén.

1	2	3	4	5	6	7	8	9
10	11	12	13	14	15	16	17	18
19	20	21	22	23	24	25	26	27
28	29	30	31	32	33	34	35	36
37	38	39	40					

EJEMPLO DE DEMOLEDOR DE BASTIONES 2

TEMOR AL FRACASO

La mentira: «cuando fallo, mi valor disminuye».

Efecto en mi vida: no me enfrento a desafíos más allá de mi zona de confort, me enfoco en las tareas en lugar de enfocarme en las personas, enojo, competitividad, perfeccionismo.

La verdad: Eres precioso a mis ojos, y te amo. (Isaías 43:4).

En él [Cristo] eres completo. (Colosenses 2:10 NBLA).

«Porque somos hechura de Dios, creados en Cristo Jesús para buenas obras, las cuales Dios dispuso de antemano a fin de que las pongamos en práctica». (Efesios 2:10).

[Dios] puede hacer muchísimo más que todo lo que podamos imaginarnos o pedir, por el poder que obra eficazmente en nosotros. (Efesios 3:20).

Es Dios es quien produce en ustedes tanto el querer como el hacer para que se cumpla su buena voluntad. (Filipenses 2:13).

Querido Padre celestial,

Rechazo la mentira que dice que cuando fallo mi valor disminuye.

Creer esta mentira me ha hecho sentir cobarde frente a los desafíos, insensible hacia las personas, agotado por buscar la perfección y enfadado cuando fallo.

Declaro la verdad que soy tu preciosa obra de arte y que tú me honras y me amas, independientemente de mi éxitos o fracasos. Declaro que soy completo en Cristo y que estás obrando en mí para cumplir tu buena voluntad y para hacer muchísimo más de lo que yo pueda imaginar o pedir.

En el nombre de Jesús. Amén.

1	2	3	4	5	6	7	8	9
10	11	12	13	14	15	16	17	18
19	20	21	22	23	24	25	26	27
28	29	30	31	32	33	34	35	36
37	38	39	40					

EJEMPLO DE DEMOLEDOR DE BASTIONES 3

ATRACCIÓN IRREMEDIABLE A LA PORNOGRAFÍA

La mentira: «no puedo resistir la tentación a ver pornografía».

Efecto en mi vida: profunda vergüenza, sentimientos sexuales distorsionados, mis relaciones con las personas no son lo que Dios quiere, hace daño a mi matrimonio.

La verdad: «De la misma manera, también ustedes considérense muertos al pecado, pero vivos para Dios en Cristo Jesús. Por lo tanto, no permitan ustedes que el pecado reine en su cuerpo mortal ni obedezcan a sus malos deseos. No ofrezcan los miembros de su cuerpo al pecado como instrumentos de injusticia; al contrario, ofrézcanse más bien a Dios como quienes han vuelto de la muerte a la vida, presentando los miembros de su cuerpo como instrumentos de justicia. Así el pecado no tendrá dominio sobre ustedes, porque ya no están bajo la Ley, sino bajo la gracia». (Romanos 6:11-14).

«¿Acaso no saben que su cuerpo es templo del Espíritu Santo...?». (1 Corintios 6:19).

«No les ha sobrevenido ninguna tentación que no sea común a los hombres. Fiel es Dios, que no permitirá que ustedes sean tentados más allá de lo que pueden soportar, sino que con la tentación proveerá también la vía de escape, a fin de que puedan resistirla». (1 Corintios 10:13 NBLA).

«Digo, pues: anden por el Espíritu, y no cumplirán el deseo de la carne». (Gálatas 5:16 NBLA).

«Pero el fruto del Espíritu es amor, gozo, paz, paciencia, benignidad, bondad, fidelidad, mansedumbre, dominio propio». (Gálatas 5:22-23 NBLA).

Querido Padre celestial,

Rechazo la mentira que dice que no puedo resistir la tentación de ver pornografía.

Creer esta mentira me ha hecho sentir profundamente avergonzado, ha distorsionado mis deseos sexuales, ha afectado mis relaciones con los demás y con mi cónyuge.

Declaro la verdad que Dios siempre me dará una salida cuando sea tentado, y elegiré tomarla. Declaro la verdad que, si vivo por el Espíritu —y eso decido hacer— no cumpliré los deseos de la carne, sino que creceré en ejercer el dominio propio. Me considero muerto al pecado y no permitiré que el pecado reine en mi cuerpo ni me domine. De hoy en adelante entrego mi cuerpo a Dios como templo del Espíritu Santo y para su honra.

Declaro que soy libre del poder del pecado. Decido someterme completamente a Dios y resistir al diablo, que ahora debe huir de mí.

En el nombre de Jesús. Amén.

1	2	3	4	5	6	7	8	9
10	11	12	13	14	15	16	17	18
19	20	21	22	23	24	25	26	27
28	29	30	31	32	33	34	35	36
37	38	39	40					

HAGAMOS DISCÍPULOS FRUCTÍFEROS

¿PODEMOS AYUDAR A TU IGLESIA?

Todos los líderes cristianos quieren construir comunidades saludables, llenas de vida, que crecen. Por tanto, puede ser frustrante y desalentador cuando —a pesar de sus esfuerzos— la realidad no llega a la altura del sueño. Con razón terminan sintiendo que el discipulado es un proceso cuesta arriba.

Muy a menudo el problema es una cultura de inmadurez. Si los cristianos de una comunidad no tienen el deseo de asumir la responsabilidad de su crecimiento espiritual, es difícil lograr el impulso necesario.

Mediante sus recursos de discipulado, *Libertad en Cristo* ofrece a pastores, líderes y sus iglesias una hoja de ruta hacia la madurez espiritual que renueva el gozo del discipulado y que empodera a los creyentes para discipular a otros.

Como resultado, los líderes renuevan la energía de su llamado, desarrollan comunidades vibrantes de discípulos comprometidos, cumplen los propósitos de Dios y marcan una diferencia en el mundo.

NUESTRO ACERCAMIENTO AL DISCIPULADO

Desechamos los mensajes tipo «esfuérzate más» o «pórtate mejor» y los reemplazamos con principios bíblicos sencillos y poderosos para la vida que toda persona, en todo lugar y en todo momento, puede usar y transmitir a otros.

VERDAD: Conoce el increíble amor de Dios en tu corazón, no solo en tu cabeza; conoce quién eres ahora en Cristo; comprende la naturaleza de la batalla espiritual y los recursos que tienes en Cristo para mantenerte firme.

ARREPENTIMIENTO: Comprende y practica el arrepentimiento para cerrar definitivamente toda puerta que abriste al enemigo mediante el pecado del pasado y no abrir ninguna más.

TRANSFORMACIÓN: Aprende a renovar tu mente reemplazando las creencias erróneas que tienes con la verdad de las Escrituras.

UNA ESTRATEGIA A LARGO PLAZO PARA TODA LA IGLESIA

Nuestros recursos de discipulado proporcionan una hoja de ruta comprobada hacia la madurez espiritual que empodera a los discípulos para hacer discípulos.

Tenemos testimonios de miles de líderes cristianos que han logrado resultados transformativos con *Libertad en Cristo*.

No ofrecemos una «talla única», más bien ayudamos a cada iglesia a elaborar un plan «a la medida» que tome en cuenta su visión y sus dones. Podrá así seleccionar las herramientas más adecuadas para su situación.

Ofrecemos un proceso fácil de seguir, con instrucciones claras y, en muchos países, una red de personas que pueden ofrecer capacitación localmente y apoyarte en cada paso del trayecto.

Nuestro acercamiento al discipulado es infinitamente transferible. Cualquier persona puede aprender estos principios y usarlos para discipular a otros. Esto significa que, de forma rápida y sencilla, puedes levantar un equipo para transformar el discipulado en tu iglesia.

Ponemos a tu disposición nuestro compromiso por capacitar a pastores y líderes y nuestros recursos eficaces.

EL CENTRO DE DISCIPULADO —TODOS NUESTROS RECURSOS EN UN SITIO

Esta plataforma fue diseñada específicamente para pastores y líderes de iglesias y recoge todo el material de *Libertad en Cristo* para ofrecer una experiencia fluida y de fácil acceso.

Además de los vídeos, incluye también acceso a los bosquejos correspondientes, todo en un formato fácil de usar.

Lo puedes usar para dirigir grupos pequeños —hay herramientas para la interacción, el seguimiento de la actividad y la comunicación— o para permitir que las personas accedan a los cursos.

¿QUIERES MÁS?

Si *Libertad en Cristo* es algo nuevo para ti, prueba el *Curso de Discipulado* o únete a la *Transformación en el Viñedo*, nuestro programa de 10 meses para pastores y líderes.

¿Quieres más? Echa un vistazo a nuestra oferta de cursos para ti, para tu equipo o para tu iglesia.

Únete a nuestra comunidad de líderes en las redes sociales.

Para más información acude a: www.libertadencristo.org

LOS CURSOS DE DISCIPULADO DE LIBERTAD EN CRISTO PARA TODOS

EL CURSO DE DISCIPULADO

«Hombres, mujeres y estudiantes de secundaria han sido transformados radicalmente».

Pastor Bob Huisman, Immanuel Christian Reformed Church, Hudsonville, MI, EE.UU.

«Lo recomiendo a todo el que tome en serio el discipulado».

Pastor Chuah Seong Peng, Holy Light Presbiterian Church, Johor Baru, Malasia

«Hoy nuestra iglesia usa el *Curso de Discipulado* como punto de partida de todo el proceso de formación. Quienes lo experimentan son transformados, no es solo un cambio emocional pasajero. Gracias a *Libertad en Cristo* por todo lo que traen a la iglesia del Señor».

Pastor Francisco Quinde–Iglesia ComXris–Ministerio Emanuel Int., Daule, Ecuador

«Nuestra iglesia ha cambiado como resultado de este curso. Aquellos que se entregan a Cristo y hacen el curso comienzan su caminar de fe con paso firme».

Pastor Sam Scott, Eltham Baptist Church, Australia

Ahora, en su tercera edición y traducido a más de 40 idiomas, el *Curso de Discipulado* puede transformar la forma en que discipulas, para que cada cristiano dé más fruto. Es nuestro principal recurso de discipulado y hay versiones disponibles para diferentes edades. Así puedes dar la misma enseñanza a todas las generaciones simultáneamente.

Primeramente, se enfoca en establecer el fundamento sólido de la identidad del cristiano en Jesús. De seguido provee herramientas para obtener la libertad de todo lo que lo detiene y para mantenerla. Finalmente ofrece una estrategia para la transformación continua.

Cuenta con diez sesiones de enseñanza presentadas por Steve Goss, Nancy Maldonado y Daryl Fitzgerald, además del componente ministerial *Los Pasos hacia la Libertad en Cristo* presentado por Steve Goss y Neil Anderson.

Un elemento exclusivo de *Libertad en Cristo*, *Los Pasos hacia la Libertad en Cristo* es un poderoso proceso de arrepentimiento que te permite resolver conflictos personales y espirituales al someterte a Dios y resistir al diablo, para experimentar así la libertad en Cristo (Santiago 4:7). Es un proceso tranquilo y respetuoso entre el participante y Dios, durante el cual descubres creencias erróneas muy arraigadas que puedes corregir mediante la renovación de tu mente.

Con una aplicación propia, vídeos didácticos adicionales, un álbum de canciones exclusivas, una *Guía del líder*, una *Guía del participante* y mucho material extra, el *Curso de Discipulado* te ofrece todo lo que necesitas para hacer discípulos que den fruto que permanece.

CLAVES PARA UNA VIDA SALUDABLE, PLENA Y FRUCTÍFERA

«Darme cuenta de que mi identidad no está ligada a ninguna enfermedad, ha sido liberador para mí. Mi enfermedad no me tiene que definir».

«Me he sentido inútil por cosas que la gente ha dicho de mí en el pasado. Pero en las Escrituras descubrí quién soy realmente en Cristo. ¡Eso me ha transformado!».

«Con este curso me he dado cuenta de que Dios no solo sana sobrenaturalmente, sino también a través de mi médico».

«Estamos rodeados de "buenos consejos" sobre la salud, y nunca sabes con certeza a quién creer. Logré una comprensión integral a través del conocimiento médico como del espiritual».

Claves para una vida sana, plena y fructífera es un curso de discipulado en video para todo cristiano. Lo han escrito y presentado Steve Goss, la Dra. Mary Wren y la Dra. Ifeoma Monye. Reúne la verdad de la Biblia y la sabiduría del mundo médico para equiparte para ser un discípulo de Jesús sano y pleno cuya vida marca una diferencia.

El objetivo del curso es entender que la buena salud física no es un fin en sí mismo, sino un medio para ayudarnos a ser discípulos de Jesús que dan fruto. Un acercamiento completo solo se obtiene al considerar a la persona en su totalidad: espíritu, mente y cuerpo.

La Dra. Mary Wren, coautora de este curso, es médico. Como estudiante, padeció enfermedades graves que le enseñaron cómo buscar la ayuda y la sabiduría de Dios, así como a buscar ayuda médica. Su llamado es construir puentes entre la medicina y la Iglesia.

- Comprende cómo cuidar todo tu ser —espíritu, mente, y cuerpo.
- Descubre las raíces de tus problemas de salud y aprende a resolverlas.
- Lleva una vida plena a pesar de tus limitaciones físicas.
- Deshazte del estrés, la ansiedad y el temor.
- Aprende a tomar decisiones saludables de modo sistemático.
- Enfréntate a los hábitos negativos que intentan controlarte.
- Comprende lo que la Biblia enseña sobre la curación.
- Descubre por qué no debes temer a la muerte.

El curso incluye un plan de 8 puntos para asegurarte de que has cumplido con todo aquello que es tu responsabilidad para ser sano, y *los Pasos hacia una vida saludable y plena*.

CURSOS DEDICADOS A LAS NUEVAS GENERACIONES

Entendemos que discipular a la siguiente generación requiere un enfoque diferente. En *Libertad en Cristo*, hemos desarrollado cursos especializados dirigidos a diferentes grupos de edad que tratan sus necesidades específicas.

Nuestros cursos ofrecen una amplia gama que cubre un nuevo curso para jóvenes adolescentes y jóvenes adultos, y un curso escrito específicamente para quienes ministran a niños de 5 a 11 años

LUCEROS

UN RECURSO DINÁMICO DE DIEZ SESIONES PARA NIÑOS DE 5 A 11 AÑOS EN DOS GRUPOS DE EDAD (5-7 Y 8-11).

Luceros es un recurso fantástico para que los niños puedan comprender su identidad en Cristo y aprendan a mirar al mundo a través de esa lente. Su objetivo es que los niños entiendan quiénes son en Jesús y capacitarlos para que se conviertan en jóvenes sanos.

En este curso interactivo e inmersivo, los videos con historias llenas de acción dan vida a las verdades bíblicas a través de «Las aventuras de Lucía Manzanita» para las edades de 5 a 7 y «Luceros» para niños de 8 a 11 años.

El curso incorpora los tres principios del enfoque de *Libertad en Cristo* (Verdad, Arrepentimiento, y Transformación), e incluye una versión interactiva para niños de *Los Pasos hacia la Libertad en Cristo* llamada el *Sendero de los Luceros*.

Escrito por Mark Griffiths y Joanne Foster, ambos especialistas en el ministerio de niños, está diseñado para capacitar a los niños para que se conviertan en discípulos que dan fruto y permanezcan conectados con Jesús toda su vida.

Este recurso está en proceso de traducción y producción con planes de lanzarlo para principios del 2025.

iGEN

LIBERTAD EN CRISTO PARA JÓVENES ADOLESCENTES Y JÓVENES ADULTOS.

Alcanzar a los jóvenes de hoy con el Evangelio de Jesucristo y el mensaje de *Libertad en Cristo* es vital, y el Evangelio no se transmite solamente de generación mayor a generación más joven.

El objetivo del iGEN es liberar a los jóvenes creyentes para que alcancen a su generación con las buenas nuevas de Jesús y el mensaje de discipulado basado en la identidad.

Está diseñado para promover la conversación entre los jóvenes en un espacio seguro, libre de presión y prejuicio. Los participantes tendrán la oportunidad de hacer preguntas, expresar fe o dudas, y compartir sus luchas y victorias personales. La combinación de la interacción en vivo con la presentación clara de la verdad producirá un impacto espiritual positivo.

iGEN se ofrece exclusivamente en nuestra plataforma Centro de Discipulado, y consta de:

- Diez sesiones basadas en el *Curso de Discipulado*.
- Una versión juvenil de *Los Pasos hacia la Libertad en Cristo*.
- Acceso en línea mediante dispositivos.
- Un elenco internacional de excelentes presentadores.
- Cada sesión tiene pausas programadas para la interacción grupal.

iGEN trabaja en una variedad de contextos juveniles. *La Guía del Líder* te ayudará a adaptarla a tus necesidades específicas.

CURSOS DISEÑADOS POR LÍDERES PARA LÍDERES

LA TRANSFORMACIÓN EN EL VIÑEDO

UN VIAJE PERSONAL PARA CRECER EN LIBERTAD, DAR MÁS FRUTO Y DISCIPULAR MEJOR..

«*La Transformación en el Viñedo* reparó las brechas en mi vida espiritual y me reposicionó para las diversas tareas que tenía por delante. Lo recomiendo a todo líder».

«Altamente recomendado para todo cristiano en liderazgo, ya sea en la iglesia, el ministerio, el servicio público o el lugar de trabajo. Es una oportunidad maravillosa para el crecimiento personal e intimidad con Dios en un entorno seguro, con excelente compañerismo —algo difícil de encontrar como líder».

«Dios usa diferentes herramientas para afilarnos. *La Transformación en el Viñedo* es una de esas herramientas. Es un viaje que te sumerge en la verdad y te desafía profundamente a parecerte más a Jesús».

La Transformación en el Viñedo está diseñado específicamente para líderes de iglesias y líderes de organizaciones cristianas que anhelan liderar una iglesia o ministerio de discípulos fructíferos para hacer grandes avances en el Reino de Dios.

Te ayudará a fundamentar tu liderazgo en los principios bíblicos de identidad, libertad y transformación, y te capacitará para profundizar en tu relación con Dios. Confiamos en que eso te llevará a mayor influencia y mayor fruto en tu vida y ministerio. Entonces estarás bien posicionado para iniciar o acelerar el proceso de discipulado personal y corporativo en tu iglesia.

La Transformación en el Viñedo es un programa semanal de estudio, reflexión y compañerismo que dura 9 meses. Se ofrece virtualmente mediante conferencias de Zoom y dos retiros. Guiado por un líder dedicado a la transformación, pasarás por tres etapas: echar raíces, podar y dar fruto, con una comunidad de líderes afines que juntos emprenden el viaje de transformación. Disfrutarás de abundante diálogo, compañerismo y oración durante todo el proceso.

LIBRE PARA LIDERAR

«Ha afirmado la convicción de que mi identidad está ante todo en Cristo, independientemente del rol de liderazgo que yo tenga».

«El curso *Libre para Liderar* es la mejor experiencia de desarrollo de liderazgo de mi carrera. Y he liderado tanto en el ámbito de trabajo como en la iglesia durante más de 20 años. Disipa los mitos y prácticas mundanas de liderazgo y proporciona fundamentos bíblicos para el liderazgo. Recomiendo este curso de todo corazón a cualquiera que aspire a desempeñar o desempeñe un liderazgo bíblico de servicio en cualquier ámbito».

«Un curso excepcional —inspira y motiva, afirma y anima».

En un momento de complejos desafíos de liderazgo en las iglesias, donde los pastores y líderes enfrentan enormes obstáculos e intentan balancear los estilos de liderazgo corporativo y cristiano, *Libre para Liderar* te ayudará a liderar desde tu identidad en Cristo.

Es un poderoso curso de discipulado de 10 semanas para cristianos llamados al liderazgo, ya sea en el lugar de trabajo, en el servicio público, en la iglesia o en otro contexto. *Libre para liderar* enseña que estar arraigado en Cristo es el verdadero fundamento para todo cristiano con la responsabilidad de liderar o gestionar a otros.

Escrito por líderes cristianos para líderes cristianos, transformará tu acercamiento al liderazgo, te liberará de la adicción al desempeño y del agotamiento, te permitirá sobrevivir a los ataques personales, usar el conflicto de manera positiva y superar otras barreras para un liderazgo eficaz.

Con Libres para Liderar descubrirás cómo desarrollar un acercamiento saludable al liderazgo y cómo mantener el rumbo para alcanzar la visión que Dios te ha dado.

Recomendamos que el equipo principal de liderazgo de una iglesia tome el curso como grupo antes de extenderlo a los demás líderes en los diferentes ámbitos de su iglesia.

- Un curso de 10 sesiones más *Los Pasos hacia la libertad para líderes.*
- El libro *Libre para Liderar* de Rod Woods.
- Complementa bien al *Curso de Discipulado* y al *Curso de la Gracia.*
- Testimonios en vídeo y momentos de discusión en grupos pequeños.

ÚNETE A LA COMUNIDAD DE LIBERTAD EN CRISTO

El Dr. Neil T. Anderson fundó *Libertad en Cristo* hace más de 30 años. Ofrecemos un acercamiento único al discipulado basado en nuestros tres principios fundamentales —Verdad, Arrepentimiento y Transformación.

Ahora con representación en 40 países y traducciones a más de 30 idiomas, *Libertad en Cristo* ha capacitado a millones de cristianos en todo el mundo para cultivar un estilo de vida de crecimiento espiritual imparable.

¿TE UNES?

¿Has visto a personas transformadas a lo largo de este curso? ¿Te gustaría involucrarte para aumentar el impacto? Si te entusiasma el efecto que estas enseñanzas pueden tener en las personas, las iglesias y las comunidades, ¡nos encantaría que formaras parte del equipo!

ÚNETE A NUESTRO EQUIPO DE PATROCINADORES INTERNACIONALES

Libertad en Cristo existe para capacitar a la Iglesia en todo el mundo para hacer discípulos fructíferos. Dependemos en gran medida del apoyo financiero de las personas que entienden la importancia de dar a los líderes las herramientas para ayudar a las personas a convertirse en discípulos fructíferos, no solo conversos, especialmente cuando abrimos una oficina en un país nuevo.

Por lo general, tu donación se utilizará para:

- ayudarnos a capacitar a pastores y líderes a nivel mundial.
- abrir oficinas de *Libertad en Cristo* en nuevos países.
- traducir nuestros recursos de discipulado a otros idiomas.
- desarrollar nuevos recursos de discipulado.

ÚNETE AL EQUIPO DE PATROCINADORES DE TU PAÍS

Nos apasiona trabajar con quienes han sido tocados por el mensaje de libertad. Tu apoyo financiero nos permite desarrollar nuevos recursos y ponerlos en manos de más pastores y líderes. Como resultado, muchas, muchas personas se están conectando con este mensaje transformativo. Siempre hay nuevos proyectos, pequeños y grandes, que solo se llevan a cabo si hay los fondos necesarios.

Para obtener más información sobre cómo colaborar con nosotros, escríbenos a info@libertadencristo.org y comunica que quieres formar parte de nuestro grupo de amigos de *Libertad en Cristo* por WhatsApp.

LISTA DE MENTIRAS

Usa este recuadro para apuntar cada área donde descubres que tu sistema de creencias no coincide con lo que Dios dice que es verdad según las Escrituras. Apunta la mentira en la columna izquierda y, si puedes, en la columna derecha escribe lo que es verdad en la Biblia. Podrás tratar con las mentiras usando el Demoledor de bastiones.

Recuerda, eres transformado mediante la renovación de tu mente (Romanos 12:2). Identificar la creencia errónea y reemplazarla con la verdad es una parte crucial del *Curso de la Gracia*. Requiere esfuerzo, ¡pero vale la pena!

MENTIRA	VERDAD
Ejemplo: Soy sucio.	He sido lavado por la sangre del Cordero. (Apocalipsis 7:14).